GOLDMANN
ARKANA

Buch

Von einem Moment auf den anderen kann Freude
in Trauer umschlagen, denn das Schicksal haben wir nicht in
der Hand. Lachen ist die angenehmste Möglichkeit, mit dem
Paradoxon des Lebens umzugehen. Und es ist gesund.
Gianluca Magi hat 101 prägnante, humorvolle Geschichten aus
aller Welt zusammengetragen, deren Pointen uns ein Schmunzeln
auf die Lippen zaubern und uns Tränen lachen lassen. Es sind
komische Szenen aus dem täglichen Leben, pfiffige Weisheiten aus
der Tradition des Tao, Zen, Hinduismus oder schalkhafte Sufi-
Geschichten mit Lehrcharakter vom meisterhaften Narren Mullah
Nasruddin. Im besten Fall bringen uns Magis spirituelle Witze in
Kontakt mit einer tiefen Weisheit, die sich als Lachen der
Erkenntnis Bahn bricht.

Autor

Gianluca Magi ist Dozent für Chinesische Religionsgeschichte und
Hinduismus an der Universität von Urbino. In Rimini gründete er
die Schule für orientalische und komparatistische Philosophie.
Magi hat den asiatisch-orientalischen Kulturkreis intensiv bereist
und zahlreiche Bücher zur östlichen Philosophie verfasst, von
denen mehrere zu nationalen Bestsellern avancierten.

Gianluca Magi

Lieber ein intelligenter Feind als ein dummer Freund

101 witzige Lehrgeschichten

Aus dem Italienischen von Elisabeth Liebl

GOLDMANN
ARKANA

Die italienische Originalausgabe erschien 2008 unter dem Titel
»La via dell'umorismo. 101 burle spirituale« bei Edizioni Il Punto
d'Incontro, Vicenza.

FSC

Mix

Produktgruppe aus vorbildlich
bewirtschafteten Wäldern und
anderen kontrollierten Herkünften

Zert.-Nr. SGS-COC-1940
www.fsc.org
© 1996 Forest Stewardship Council

Verlagsgruppe Random House FSC-DEU-0100
Das für dieses Buch verwendete FSC-zertifizierte Papier
München Super liefert Arctic Paper Mochenwangen GmbH.

1. Auflage

Deutsche Erstausgabe März 2009
© 2009 der deutschsprachigen Ausgabe
Arkana, München
in der Verlagsgruppe Random House GmbH
© 2008 Edizioni Il Punto d'Incontro
Umschlaggestaltung: Uno Werbeagentur, München
Umschlagmotiv: FinePic, München
Redaktion: Johannes Bucej
SB · Herstellung: cb
Satz: EDV-Fotosatz Huber/Verlagsservice G. Pfeifer, Germering
Druck: GGP Media GmbH, Pößneck
Printed in Germany
ISBN: 978-3-442-21901-8

www.arkana-verlag.de

Inhalt

Geleitwort

Lieber ein intelligenter Feind als ein dummer Freund ist ein faszinierendes Buch.

Gianluca und ich sind uns absolut einig, wenn es um die Bedeutung dieser Form der Weisheitsliteratur geht, deren Ursprünge sich im Dunkel der Zeiten verlieren.

In diesen bezaubernden Geschichten und den klugen Kommentaren wird eine außergewöhnliche Weisheit fühlbar.

Die hier versammelten spirituellen Schelmenstücke weisen uns auf humorvolle Art darauf hin, dass die Antwort auf die Frage, was wirklich ist, immer von unserem Standpunkt abhängt. Im Lachen erkennen wir die Begrenztheit des menschlichen Denkens und nähern uns einer ganzheitlicheren Sicht der Dinge an. Und gehen lachend den Weg der Erkenntnis.

Alejandro Jodorowsky
Schriftsteller, Performancekünstler, Heiler

Anima ridens
Vorwort zur neuen Auflage

In all meinen bisherigen Büchern zu spirituellen Lehrtexten lag das Hauptaugenmerk auf der philosophischen wie psychologischen Funktion dieser Texte.

Dass *Lieber ein intelligenter Feind als ein dummer Freund*, an dem mein Herz besonders hängt, nun als Neuauflage erscheint, ist dem Drängen Alejandro Jodorowskys zu verdanken, den das Gesetz der magischen Anziehung mir als Freund gesandt hat, was ich sehr zu schätzen weiß.

Diese Sammlung »spiritueller Schelmenstücke« ging ursprünglich aus meinen Forschungsarbeiten zum geheimen Wissen unserer Vorfahren hervor, das uns im humoristischen Gewand der Volks- und Lebensweisheiten überliefert ist. Seitdem sind fünfzehn Jahre ins Land gegangen – und der Gedanke, dass Humor und seine bildhafte, Labsal spendende Kraft eine enorme Rolle spielen, wenn es darum geht, die lichten Seiten des Menschen zum Vorschein zu bringen, hat immer mehr Verbreitung gefunden.

Es ist meine Hoffnung, dass dieses kleine Büchlein weiterhin seinen bescheidenen Beitrag zu der Verbreitung jener Art inneren Wissens leisten möge, welche unsere viel zitierte rechte Gehirnhälfte zu stimulieren vermag. In den hier präsentierten spirituellen Schelmenstücken liegt der Schlüssel zum inneren Wandel verborgen. Damit jedoch diese Veränderung eintreten kann, dürfen wir nicht mit dem Schwert der Logik an die Welt herangehen, sondern mit einer veränderten emotionalen Haltung, einer anderen Sicht der Dinge.

Die Religion in ihrer dogmatischen Erstarrung betrachtet den Humor und das Lachen in all seinen Formen mit scheelem Blick und will darin nichts weiter als Sünde erblicken.

Die Alten wussten um die Vergänglichkeit des Lebens und rieten ihren Schülern, die Dinge nicht allzu ernst zu nehmen. Das Leben ändert sich viel zu schnell, als dass wir uns allzu sehr an einen bestimmten Aspekt des Daseins klammern könnten. Eine Zeit lang geht alles seinen Gang, dann aber tritt plötzlich und ohne Vorwarnung eine Wendung ein. Dem Weisen ist bewusst, dass er nichts gewinnt, wenn er an der Existenz als unabänderlichem Faktum festhält. Es ist im Gegenteil weit lohnender, sich mit ihren flüchtigen Qualitäten anzufreunden und daraus Gewinn zu ziehen. Und selbst wenn wir uns mit ernsthaften Schwierigkeiten und Konflikten konfrontiert sehen, bleibt uns darüber das Lachen nicht im Halse stecken, wenn wir uns nicht allzu ernst nehmen.

Da nun einmal alles vergänglich ist, gibt es nichts, das man tragisch nehmen müsste. Und da es nichts gibt, das wir tragisch nehmen müssten, können wir der Welt mit einem Lachen auf den Lippen begegnen. Lachen wir über die Welt, dann haben wir verstanden, dass das Wissen um die Vergänglichkeit unseres Daseins der schnellste Weg zur Freude ist, der Freude eines jauchzenden Kindes. Ein Lächeln, wie es sich auch auf unserem Gesicht abzeichnet, wenn wir vor Erleichterung aufseufzen, weil wir zur Leichtigkeit des Seins gefunden haben. Das Lächeln von Kindern, die zum Himmel schauen und die dahinziehenden Wolken betrachten, wie sie ihre Kapriolen machen, und dabei überrascht lächeln wie die Engel, die fliegen können, weil sie alles leicht nehmen.

Mit dieser Hoffnung lege ich die Neuauflage dieser uralten Geschichten vor, die ich gern als »Erzähltherapie« bezeichne, als erzieherisches Instrument im ursprünglichsten Sinn des Wortes, denn es geht dabei darum, den Sinn aus dem Gehörten bzw. Gelesenen hervorzu*ziehen*. (Im Gegensatz zur gewöhnlich praktizierten Form der Erziehung, die einzig auf das Aufpfropfen von äußeren Begriffen ausgerichtet ist.)

Ich habe diese Geschichten von dem Staub gesäubert, den Menschen und Moden, Orte und Jahrhunderte auf ihnen hinterlassen haben, ohne jedoch ihren befreienden Charakter anzutasten.

Es heißt, dass jeder, der nur vierzig Geschichten des weisen Narren Mullah Nasruddin (dessen gegen alle vorgefertigten Ideen gerichteter Geist die vorliegenden Geschichten inspiriert) kennt, am Tor zur Erleuchtung steht. Nun – hier werden sogar 101 solcher Geschichten erzählt: eine wahre innere Re-Evolution!

Vielleicht stimmt es ja wirklich, dass wir nur durch das Lachen zur Einsicht gelangen. Dies jedenfalls ist eine Einladung – zur einfachen Lebensfreude.

Einführung

*Wenn du nach einer besonderen Erleuchtung suchst,
schau in das Gesicht eines Menschen: Dort wirst du das Lächeln
der letztendlichen Essenz der Wahrheit finden.*

Dschelaladdin Rumi, Mystiker und Sufi-Meister

Eine der bemerkenswertesten Errungenschaften der spirituellen Entwicklungsgeschichte der Menschheit ist der Humor.

Die Behauptung, Humor besitze eine spirituelle Dimension – eine Eigenschaft, die man ihm gemeinhin abspricht –, mag all jene in Erstaunen versetzen, die sich die Vermittlung von Weisheit nur in Form langweiliger theologischer Traktate vorstellen können und für die ein Weiser nur als Guru möglichst exotischer Herkunft denkbar ist, der seine Lehren mit Leichenbittermiene verkündet.

Doch die Wirklichkeit ist nicht, was sie zu sein scheint. Fest steht, dass diese besondere Form geistiger Schulung in verschiedenen spirituellen Traditionen zum Einsatz kam, vornehmlich aber im Sufismus, einer besonderen Form der islamischen Mystik.

Der Zweck dieser speziellen Methode, die wir als »Weg des Lachens« bezeichnen könnten, ist es, dem Geist neue

Wege zu eröffnen, Wege zu einem tiefer gehenden Verständnis.

Wer den Orient bereist, begegnet diesen humorvollen Geschichten an den unterschiedlichsten Orten wieder: auf den farbigen, überfüllten Märkten ebenso wie in den verrauchten Teehäusern (*chaikhana* genannt), auf lauten Plätzen ebenso wie im einsamen und abgeschiedenen Tempel. Nicht minder typisch für diese Geschichten ist jedoch, dass sie uns in unterschiedlichster Form rund um den Globus begegnen – was beweist, dass der Humor und sein Potenzial, festgefahrene Denkmuster aufzudecken und dem Gelächter preiszugeben, eng mit der Lebenswirklichkeit der Menschen verbunden sind.

Unsere Kultur setzt Humor gern mit Oberflächlichkeit gleich und unterstellt, dass humorvolle Geschichten nur zur Unterhaltung und Zerstreuung dienen und somit jeglicher Spiritualität diametral entgegengesetzt seien. Nur wenige wissen, dass der Osten die Posse zum System entwickelt hat. All diese Geschichten verfolgen einen erzieherischen Zweck. Meist haben sie mehrere Sinnebenen und erinnern insofern an die russischen Matroschka-Puppen, bei denen immer noch eine Puppe zum Vorschein kommt, wenn man die größere abzieht. Jeder versteht, was er je nach geistigem Entwicklungsgrad verarbeiten kann.

Diese Geschichten werden dem Schüler als eine Art psychologisches Training aufgegeben, damit er die Wirklichkeit mit neuen Augen sieht und unbekannte Seiten an sich selbst entdeckt.

Diese Form des spirituellen »Trainings« mittels komischer Geschichten birgt unterhalb der oberflächlich wirksamen Moral eine Botschaft, die dem von Vorurteilen und fixen Ideen geprägten menschlichen Geist nicht mit Worten vermittelt werden kann.

Diese Possen, deren Inhalt zum größten Teil dem Alltagsleben entnommen ist, sind wie ein kalkulierter Schock, der den Verstand sprachlos macht, um ihm seine gewohnheitsmäßigen Denk- und Reaktionsmuster vor Augen zu führen, die Vorurteile, deren er sich nicht bewusst ist. Das befreiende Lachen, das darauf folgt, löst nicht nur seelische Anspannung, sondern lässt die Leuchte intuitiver Erkenntnis unseres seelischen Seins sowie unserer essenziellen Natur aufblitzen.

Ein Wort an den Leser

Die »spirituellen Schelmenstücke«, die in diesem Buch versammelt sind, stammen aus den unterschiedlichsten Traditionen – in erster Linie aus Sufismus, Zen, Hinduismus und Chassidismus – und aus verschiedenen mündlichen wie schriftlichen Quellen.

Die vorliegende Sammlung ist weder als Anthologie noch als Übersetzung zu verstehen. Vielmehr handelt es sich um eine subjektive Neubearbeitung kurzer Lehrtexte, die den Stempel des Ortes und der Zeit ihrer Entstehung tragen. Dabei wurde darauf geachtet, dass der ihnen eigene Geist erhalten bleibt. Manche dieser Lehrtexte könnte man als »Erzählnahrung« bezeichnen. Und da es in der Natur eines Nahrungsmittels liegt, verwandelt zu werden, ohne unverdauliche Reste zurückzulassen, habe ich diese Geschichten so umgeschrieben, dass sie für den modernen abendländischen Geist »bekömmlicher« werden. Eine bloße Übersetzung wäre der pädagogischen und psychologischen Intention dieser Geschichten nicht gerecht geworden, eine Anpassung an heutige Probleme und Lebensumstände erfüllt wohl eher die Erwartungen eines aufrichtig geistig Suchenden.

Zu diesem Zweck wurde auf sämtliches historisches oder kulturelles Beiwerk verzichtet, da die Beibehaltung dieser Elemente nur auf Kosten ihrer Lesbarkeit und Lebendigkeit geht.

Da ich mit dieser kleinen Sammlung keine literaturwissenschaftlichen Absichten verfolge, fehlen auch Quellenangaben zur Herkunft der 101 Geschichten, wobei der Leser sicher die eine oder andere bereits kennt. Mir kam es vor allem darauf an, dass der Leser mit Hilfe dieser Texte einen Blick in sein Inneres tut, ohne sich den Kopf mit noch mehr Büchern zu beschweren. Ich habe mit diesem Buch versucht, einer Form der Lehre nachzueifern, wie sie im Osten sehr verbreitet ist. Dabei werden in einer Art »spiritueller Blütenlese« Parabeln gesammelt, die man bei oberflächlicher Betrachtung für simple Witze halten könnte. In Wahrheit aber tragen sie das Potenzial in sich, den Schüler auf eine tiefere Ebene des Verständnisses zu führen. In diesem Sinn ist der humoristische Charakter dieser Parabeln gegenüber ihrem eigentlichen Zweck nachrangig.

Den Meistern, die diese Geschichten als »didaktisches Instrumentarium« nutzen, geht es weniger darum, ihren Schülern eine bestimmte Lehre oder Theorie zu übermitteln und sie so dazu zu bringen, ihre bisherigen Überzeugungen durch andere, »bessere« zu ersetzen, sondern vielmehr darum, aufzuzeigen, dass man ein Ding auf vielerlei Art und Weise auffassen kann. So erkennt der Schüler, dass seine Sicht der Dinge nicht die einzig mögliche ist und dass es ein tieferes Verständnis der Wirklichkeit gibt. Das ist wie eine Einladung, sich vor den Spiegel zu stellen und die Scheuklappen abzunehmen, die man gewöhnlich im Umgang mit sich selbst und anderen trägt.

Diese Sammlung ist auch eine Art geistiger Hommage an Mullah Nasruddin, den legendären weisen Narren. Einige Geschichten stellen eine Neubearbeitung ihm zugeschriebener Parabeln dar, denen ich auf meinen Reisen an den unterschiedlichsten Orten der Welt begegnete. Der Geist Nasruddins findet sich überall in diesem Büchlein.

Zu Mullah Nasruddin selbst ist zu sagen, dass es sich bei ihm um eine legendäre Gestalt handelt, die im Sufismus höchste Wertschätzung genießt und uns je nach Kulturkreis in den unterschiedlichsten Verwandlungen wiederbegegnet: als *Effendi Nasreddin* in Peking, *Juhà* in Samarkand, *Juhì* in Buchara, *Nasreddin Hoca* in Istanbul, *Nastradin Hoxha* in Tirana, *Giochà* in Jerusalem, *Jawhà* in Khartum, *Juxa* in Mogadischu, *Zha* in Fès, *Giufà* in Messina und *Abu Nuwas* in Damaskus – und die Liste ließe sich noch fortsetzen.

Auch wenn manche ihm konkrete Lebensdaten und sogar eine letzte Ruhestätte (im türkischen Beyshehir) zuschreiben, so ist Nasruddin letztlich eine zeitlose Figur, die sich allen Festschreibungen entzieht. Wir wissen nicht, wer er wirklich war, wo und wann er gelebt hat, doch ist dies am Ende auch nebensächlich. Worauf es ankommt, ist das Befreiende an seinen Lehren, die alle festgefahrenen Denkmuster einfach über den Haufen werfen.

Die Geschichten über Nasruddin kamen mit dem großen persischen Mystiker Dschelaladdin Rumi in die Türkei, der damit seinen Schülern die tiefere Bedeutung seiner eigenen Lehren verdeutlichte. Sie sind wie ein Zauberspiegel, in dem uns unsere eigene essenzielle Wirklichkeit begegnet.

Daher möchte ich dem Leser nur einen einzigen Rat mit auf den Weg geben. Bei seiner Lektüre wird er auf Geschichten stoßen, deren Bedeutung sich ihm zunächst entzieht, aber auch auf solche, die ihm auf den ersten Blick banal vorkommen. Andere werden ihn verwirren, wieder andere ihm, wie Mullah Nasruddin es ausdrücken würde, »auf die Zehen steigen, wo das empfindlichste Hühnerauge sitzt«. Aber eben diese Geschichten halten – wie jeder Sufimeister weiß – eine direkte Botschaft für uns bereit. Gewöhnlich sind sie es, die unsere wichtigsten persönlichen Probleme ansprechen. Daher wäre es gut, diese Geschichten immer wieder zu lesen, um sie ganz in sich aufzunehmen. Auf diese Weise erschließen sich dem Leser die unterschiedlichsten Bedeutungsebenen. Und doch möchte ich Sie, lieber Leser, bitten, den Sinn dieser Geschichten nicht mit der Lupe zu suchen. Die Geschichte enthüllt ihr Herzstück schon selbst.

Die Meister, die mit diesen Geschichten ihre Schüler auf den Weg zur Einsicht führen, betonen immer wieder, dass wir in dem Augenblick, in dem uns die Worte fehlen, eine tiefe Ebene der Intuition jenseits der Worte entdecken, die letztlich der einzig verlässliche Führer zur Selbsterkenntnis ist. In diesem Sinn lässt man diese Geschichten in seinem Herzen nachklingen, ohne sie zu interpretieren. Nur so können sie die *via regia*, den Königsweg zur letzten Essenz der Wahrheit, eröffnen und die Tore des Lebens zu einer neuen Dimension des Geistes aufstoßen.

Die Meinung der anderen

Wer nicht im Einklang mit den Neigungen seines Herzens
handelt und sich stattdessen nach den Erwartungen anderer richtet,
verfängt sich in einem Netz von Urteilen, aus dem er
sich nicht so leicht wieder befreien kann.

Nach einem Tag harter Arbeit auf dem Feld kehrten Vater und Sohn mit ihrem Esel todmüde nach Hause zurück.

»Vater, du bist alt und spürst die Last der Müdigkeit stärker, setze dich doch auf den Rücken unseres Esels«, sprach der Sohn.

Kaum waren sie ein paar Schritte gegangen, begegneten sie einem Menschen, der lauthals zu schimpfen begann:

»Was für ein schlechter Vater! Er sitzt auf dem Esel, und sein Sohn muss zu Fuß gehen!«

Darauf beschloss der Vater, seinen Sohn aufsitzen zu lassen.

Wenig später begegnete ihnen ein anderer Mann, der entsetzt ausrief:

»Was für ein schlechter Sohn! Er lässt seinen alten Vater laufen, während er selbst auf dem Esel reitet!«

Vater und Sohn überlegten einen Moment, dann stiegen sie beide auf den Rücken des Tieres.

Da kam ein dritter Wanderer des Weges. Als er sie sah, begann er sofort zu keifen:

»Wie kann man nur so herzlos sein! Zu zweit auf einem Esel! Das arme Tier ist schließlich genauso müde, wie ihr es seid.«

Da beschlossen Vater und Sohn, auch diesem Manne Recht zu geben und zu Fuß hinter dem Esel herzulaufen.

Es dauerte nicht lange, da begegnete ihnen ein vierter Mann, der sie, sobald er ihrer ansichtig wurde, mit beißendem Spott überzog:

»Das ist ja nicht zu fassen! Da haben sie einen Esel, doch anstatt ihn zu reiten, gehen sie lieber zu Fuß!«

Vater und Sohn sahen sich an und luden sich den Esel auf die Schultern.

Ein Mann am Wegesrand wurde Zeuge dieser Szene. Kaum trugen die beiden den Esel auf den Schultern, kam es auch schon aus seinem Mund:

»Seht nur, wie dumm die beiden sind! Sie haben einen Esel, aber anstatt ihn zu reiten, tragen sie ihn auf den Schultern!«

Die Tore des Paradieses

Wir sind, was wir sehen und wie wir sehen.

Ein weiser Mann sagte einst:

»Musik ist wie das Quietschen der Tore des Paradieses.«

Ein Mann, dessen Herz sich verhärtet hatte, wandte ein:

»Aber ich mag den Klang von quietschenden Toren nicht.«

Darauf antwortete ihm der Weise:

»Ich höre den Klang der Tore, die sich öffnen, du aber hörst nur diejenigen, die geschlossen werden.«

Das Geschwätz

*Wenn unsere Aufmerksamkeit sich von Lärm,
Gerede und Schein fesseln lässt, ist es ein Ding der
Unmöglichkeit, sich selbst zu verstehen.*

Es war einmal ein alter Weiser, der auf dem Marktplatz der
Stadt eine Rede hielt. Nur hörte ihm niemand zu. Die
Leute gingen an ihm vorüber und schienen ihn nicht ein-
mal zu bemerken.

Da fing der Weise an zu tirilieren wie eine Nachtigall.
Im Nu war er von einer Schar Menschen umgeben.

»Ihr Nichtsnutze!«, schimpfte da der Philosoph. »Der
Weisheit leiht ihr euer Ohr nicht, unsinniges Gezirpe aber
hört ihr gerne.«

Die gebratene Ente

Wenn unser Denken flexibel ist, schaltet sich ein Bereich des Geistes ein, in dem nicht mehr die formale Logik, sondern die Intuition die wichtigste Rolle spielt.

Der Koch des Königs sollte eine Ente braten. Doch der Leckerbissen geriet ihm so appetitlich, dass er auf dem Weg von der Küche zum Speisesaal der Versuchung nicht widerstehen konnte und ein Stück kostete. So kam es, dass der Ente, als sie auf den Tisch des Königs kam, ein Schenkel fehlte.

Der König war darob sehr erstaunt, beschloss aber zunächst nichts zu sagen. Am darauffolgenden Tag fragte er:

»Koch, warum fehlte der Ente gestern Abend ein Schenkel?«

»Eure Majestät!«, antwortete der Koch sogleich, »wisst Ihr nicht, dass Enten nur einen Schenkel haben? Schaut doch die Enten an, die an Eurem Brunnen schlafen. Sie stehen auch nur auf einem Bein.«

Verärgert rief der König:

»Dir zeige ich gleich, wie viele Beine eine Ente hat!« Und er rannte aus vollem Halse schreiend auf das Fe-

dervieh zu. Die verängstigten Enten flohen – auf zwei Beinen.

»Wie du siehst«, sagte der König, »haben die Enten mehr
als nur einen Schenkel.«

Der Koch aber war um eine Antwort nicht verlegen:

»Eure Majestät, hättet Ihr gestern Abend so laut geschrien
wie eben, dann hätte sicher auch die gebratene Ente ihr
zweites Bein hervorgezogen. Und wie sie das getan hätte!«

Die innere Sicht der Dinge

Die innere Sicht der Dinge ist unabhängig vom Alter.
Intuition beruht nicht auf Erfahrung, sondern
auf dem Geist des Menschen.

Ein Minister war im Flugzeug unterwegs zu einem seiner vielen Meetings. Plötzlich hatte er einen, wie er meinte, brillanten Einfall und sagte:

»Wenn ich jetzt einen Zweihundert-Euro-Schein aus dem Flugzeug werfe, dann könnte ich damit bestimmt einen Menschen glücklich machen.«

Einer seiner anwesenden Berater meinte:

»Wenn Sie zwei Einhundert-Euro-Scheine werfen würden, könnten Sie sogar zwei Menschen glücklich machen.«

Da mischte sich der Staatssekretär ein, der daneben saß:

»Das stimmt, aber mit zehn Zwanzig-Euro-Scheinen würden Sie zehn Leute glücklich machen.«

»Und um zwanzig glücklich zu machen«, meinte ein anderer, »könnten Sie zwanzig Zehn-Euro-Scheine werfen.«

Da mischte sich ein Kind ein, das dieses seltsame Gespräch zufällig mit angehört hatte: »Es gäbe auch einen

Weg, die ganze Nation glücklich zu machen. Dazu müsste der Minister sich nur selbst aus dem Flugzeug stürzen!«

Die Macht der Überzeugungen

*Wir glauben nicht, was wir sehen,
sondern sehen, was wir glauben.*

In einem Eisenbahnabteil nahm ein komischer Typ einen Sack von der Gepäckablage. Er öffnete ihn, dann zog er aus seiner Tasche einen kleinen Kohlkopf, der an einem Schnürchen hing. Diesen ließ er im Sack baumeln.

Einer seiner Mitreisenden sah ihm befremdet zu. Schließlich konnte er vor Neugierde nicht mehr an sich halten und fragte, was denn in dem Sack sei.

»Ein Mungo«, antwortete der Typ.

»Aber warum reist du mit einem Mungo in einem Sack?«

»Ach, weißt du! Ich bin Alkoholiker und leide immer wieder an entsetzlichen Halluzinationen. Der Mungo hält die Schlangen fern!«

»Aber die Schlangen existieren doch nur in deiner Einbildung?«

»Ja, schon«, antwortete der Mann da ruhig, »aber der Mungo doch auch!«

Ursache und Wirkung

*Solange der Geist von der Überzeugung ausgeht, dass jeder Aspekt
der Welt dem Gesetz von Ursache und Wirkung unterworfen ist,
sieht man die Wirklichkeit nur dem Anschein nach.*

Eines Tages brachte ein armer Tölpel seinen Esel zum
Teich, um ihn zu tränken. Während das Tier seinen Durst
löschte, sah der Dummkopf den Mond, der sich im Teich
spiegelte.

»Wie schön du doch bist, Mond! Wie schön du doch
bist«, flötete er dem Spiegelbild im Wasser vor.

Unversehens schob sich eine Wolke über den Mond
und entzog ihn dem Blick unseres Tölpels. Wütend wandte sich dieser an seinen Esel und warf ihm vor, er hätte den
Mond getrunken.

»Unglückseliger, was hast du nur getan! Ich werd's dir
zeigen!«, brüllte er das Tier an.

Und er schlug auf den armen Esel ein, was das Zeug hielt.
So lange, bis der Mond wieder hinter der Wolke hervorlug-
te und von neuem auf dem Wasserspiegel erglänzte.

»Ich hab's dir doch gesagt, du blödes Tier: Ich bring dich
schon dazu, dass du ihn wieder ausspuckst!«, meinte der
Schwachkopf selbstzufrieden.

Die Totenmesse

Solange der Geist sich zum Spielball der Meinungen macht,
bleibt er unbeständig, denn diese ändern sich ja aufgrund
äußerer Ereignisse ständig.

Ein Mann war sehr traurig über den Tod seines Hundes. Also begab er sich zu einem Priester.

»Vater, ich möchte, dass Sie zum Gedenken an meinen Hund eine Messe lesen.«

Der Priester, der sich von dieser ungewöhnlichen Bitte gekränkt fühlte, antwortete ihm:

»Wir lesen keine Messen für Hunde. Versuchen Sie Ihr Glück doch bei der Gemeindeverwaltung am Ende der Straße.«

»Das ist wirklich schade!«, sagte der Mann beim Hinausgehen, »mein armer Hund hat mir so viel bedeutet, dass ich für die Totenmesse gerne zehntausend Euro bezahlt hätte.«

»Einen Augenblick noch!«, fiel der Priester ihm ins Wort. »Sie hatten mir gar nicht gesagt, dass Ihr Hund ein Mitglied unserer Gemeinde war!«

Eingebungen

Intuition reicht weit über die Grenzen
des gewöhnlichen Denkens hinaus. Sie erschließt eine
andere Dimension des Seins.

Die Dorfjungen hatten es auf die Schuhe eines Vorübergehenden abgesehen, und so dachten sie sich eine kleine List aus. Als der Mann sich näherte, starrten sie mit offenem Mund einen hohen Baum hinauf. Zu dem Mann aber sagten sie: »Dieser Baum ist so hoch, dass niemand bis zum Wipfel klettern kann. Bestimmt kannst du das auch nicht!«

Der Mann blieb stehen, schaute den Baum hinauf und sagte:

»Und ob das geht! Ich klettere gleich hinauf und zeige euch, wie man das macht. Dann könnt ihr es mir nachmachen.«

Doch als er seine Schuhe auszog und sich ans Klettern machen wollte, sah er den Jungen ins Gesicht. Sein Gefühl sagte ihm, dass da etwas nicht stimmte. Und so steckte er seine Schuhe in die Jackentaschen, bevor er sich ans Klettern machte.

Die Jungen standen da wie vom Donner gerührt. Während sie zusahen, wie der Mann sich hochzog, riefen sie ihm verärgert nach: »Wieso nimmst du denn die Schuhe mit?«

Der Mann antwortete: »Man kann nie wissen. Wer sagt mir denn, dass da oben nicht eine Straße ist? Schließlich ist ja noch nie jemand auf diesen Baum geklettert. Und was würde ich dann ohne Schuhe machen?«

Die Darlegung der Lehre

Man kann niemandem etwas beibringen,
wenn er nicht bereit ist, zuzuhören.
Wer hingegen verstanden hat, braucht keine Belehrungen mehr.

Auf einer Pilgerreise gelangte ein Weiser von großer Berühmtheit in ein kleines Dorf. Die Einwohner baten ihn inständig, ihnen die Essenz seiner Lehren zu vermitteln. Er aber wollte nichts davon wissen. Die Dörfler aber blieben hartnäckig, und so erklärte der Weise sich schließlich damit einverstanden, ihnen Belehrungen zu erteilen.

Am nächsten Tag versammelte sich das ganze Dorf, um die Essenz seiner Lehre zu empfangen. Der Meister musterte die Zuhörer mit prüfendem Blick und fragte:

»Wisst ihr, was ich euch zu sagen habe?«

Der Großteil der Anwesenden rief darauf:

»Nein! Wir wissen es nicht!«

Da sagte der Meister:

»Ich kann doch nicht vor so unwissenden Menschen sprechen. Vor Menschen, die nicht einmal wissen, was ich ihnen sagen will!« Und er ging weg.

Erstaunt fragten sich die Zuhörer, ob sie vielleicht die falsche Antwort gegeben hätten. Und der Wunsch, die

Essenz der Lehren zu empfangen, wurde in ihren Herzen immer stärker. Daher liefen sie ihm nach und flehten ihn aufs Neue an, ihnen die Lehre zu vermitteln.

Am nächsten Tag kam der Meister wieder und fragte:

»Wisst ihr, was ich euch zu sagen habe?«

»Ja!«, flüsterten sie da.

»Dann muss ich ja nichts hinzufügen«, antwortete der Meister. »Wenn ihr schon wisst, was ich sagen werde, hat es wenig Sinn, dass ihr mir zuhört.« Mit diesen Worten ging er weg.

Nun waren die Zuhörer noch verwirrter als vorher. Wieder liefen sie dem Meister nach.

»Wir bitten dich, uns noch einmal deine Frage zu stellen. Diesmal werden wir nicht in Irrtum verfallen.«

Am nächsten Tag kam der Meister also wieder und fragte:

»Wisst ihr, was ich euch zu sagen habe?«

»Einige wissen es, einige wissen es nicht!«, antworteten die Dörfler schlau.

»Dann«, schloss der Meister, »sollen diejenigen, die es wissen, es denjenigen sagen, die es nicht wissen!« Und er ging fort.

Ansichten

*Unsere Vermutungen und Vorurteile behindern
uns in der Wahrnehmung unserer selbst
und anderer Menschen.*

Eines Tages trafen sich drei junge Ärzte, die es kaum erwarten konnten, einander ihr Wissen und ihren Scharfsinn zu beweisen. Mitten in ihrer gelehrten Diskussion aber kam ein alter Mann vorbei, der mit weit gespreizten Beinen dahinhinkte. Kaum hatten die drei Ärzte ihn erblickt, gaben sie auch schon ihre Diagnosen zum Besten.

»Das ist ein klassischer Fall: Neuralgie des Ischiasnervs«, rief der erste.

»Unsinn!«, entgegnete der zweite. »Das ist doch ganz offensichtlich ein Fall von akutem Gelenkrheumatismus.«

»Tut mir leid, liebe Kollegen, aber damit kann ich mich nicht einverstanden erklären«, wandte der dritte Arzt ein. »Wir haben es hier vielmehr mit einem eindeutigen Fall von Arthritis zu tun, verbunden mit Knochenschwund.«

Die drei Ärzte konnten sich nicht auf eine Diagnose einigen, und so wandten sie sich an den Betroffenen selbst.

»Entschuldigen Sie, guter Mann. Wir sind alle drei Ärzte. Jeder von uns hat versucht, Ihren Zustand zu diagnostizieren. Wären Sie wohl so liebenswürdig, uns zu sagen, wer von uns dreien Recht hat?«

»Tut mir leid«, antwortete der Alte, »aber ich fürchte, wir liegen alle vier falsch.«

»Wieso vier?«, fragten die Ärzte erstaunt.

»Nun ja«, antwortete der Alte, »ich dachte, es wäre nur ein Furz gewesen, dabei habe ich mir in die Hose gemacht!«

Der arme Teufel

*Diese uralte Geschichte nimmt die unbewusste
Inszenierung der Spiritualität aufs Korn, die man damals
wie heute nur allzu oft antrifft.*

Es heißt, ein Weiser sei einst in Kontemplation versunken
in einem schattigen Wäldchen gesessen. Dabei entdeckte
er aus den Augenwinkeln ganz in der Nähe einen Teufel,
der recht niedergeschlagen dreinsah.

Der Weise fragte ihn:

»Wieso stehst du hier herum mit dem Schwanz zwischen
den Beinen und stellst keinen Unsinn an, wie es deine
Natur ist?«

Der Teufel antwortete traurig:

»Seit es eine so große Anzahl an Möchtegern-Weisen
und Gurus gibt, habe ich nichts mehr zu tun. Ich langwei-
le mich einfach.«

Schuld und Rechtfertigung

Der Versuch der Rechtfertigung ist schlimmer
als die ursprüngliche Tat.

Scheich Ziauddin

Der König ging eines Tages mit seinem treuen Ratgeber spazieren. Plötzlich kam ihm eine Frage in den Sinn:

»Ist es möglich, dass der Versuch der Rechtfertigung einer Tat schlimmer ist als diese Tat selbst?«

»Aber daran besteht gar kein Zweifel!«, antwortete der Ratgeber.

»Was erzählst du denn da!«, entgegnete der König. Und sie setzten ihren Spaziergang fort und sprachen von anderen Dingen.

Plötzlich kniff der Ratgeber den König in den Allerwertesten.

»He, was machst du denn da? Bist du übergeschnappt?«, fragte der König entrüstet.

Der Ratgeber gab zurück:

»Entschuldigt, Eure Majestät, aber mich trifft keine Schuld. In der Tat bin ich für einen Moment in Verwirrung geraten und dachte, es wäre der Po der Königin!«

Der König war so empört, dass er ihn in den Kerker werfen ließ.

Ein paar Tage später ging der König am Kerker vorbei, sah seinen ehemaligen Ratgeber und fragte ihn:

»Unverschämter Wicht! Was hast du zu deiner Rechtfertigung vorzubringen?«

Der Ratgeber aber antwortete:

»Eure Majestät, erinnert Ihr Euch, wie ich Euch sagte, es gebe Fälle, in denen der Versuch der Rechtfertigung schlimmer sei als das Verschulden selbst?«

Da verstand der König und machte den Mann wieder zu seinem Ratgeber.

Der richtige Ton

*Wer nur nach Erkenntnis strebt, um sich von den eigenen
emotionalen Problemen zu befreien, wird in der Realität
nie das finden, was wirklich ist.*

Eines Tages saß ein alter Musiker auf einem Mäuerchen am
Marktplatz. Er zupfte seine Laute und spielte immer denselben Ton.

Bald versammelte sich eine Gruppe von Menschen um
ihn, um seinen Weisen zu lauschen. Der alte Musiker aber
spielte immer noch ein und denselben Ton, sodass die Leute allmählich ungeduldig wurden.

Schließlich plärrte der Unruhigste der ganzen Gruppe
heraus:

»Jetzt hast du uns genug gelangweilt! Warum variierst du
denn dein Spiel nicht ein bisschen, so wie es alle Musiker
tun?«

Der alte Musiker antwortete:

»Diese suchen noch nach dem richtigen Ton. Ich aber
habe ihn schon gefunden.«

Der unpassendste Ort

*Wenn der Geist durch Verhaltensregeln und
Gewohnheit verkümmert ist, entfaltet ein gelegentlicher
kleiner Schock schnell befreiende Wirkung.*

Ein alter Philosoph war eines Tages zu Gast im wohlhabenden Haushalt eines eingebildeten Kaufmannes, der bekannt war wegen seiner Vorliebe für jegliche Form von Etikette. Der Kaufmann wollte dem alten Mann zeigen, welche Reichtümer er im Laufe seines Lebens angehäuft hatte und führte ihn durch das Haus.

»In meinem Haus ist es verboten, auf den Boden zu spucken«, sagte stolz der Krösus.

Doch der alte Philosoph, dem etwas auf der Brust lag, hustete nur und spuckte dem Mann direkt ins Gesicht. Dabei meinte er entschuldigend:

»Ich bitte um Verzeihung, aber das war der einzig schmutzige Ort im ganzen Haus, an dem ich gewagt habe, mich von meiner Last zu befreien.«

Und der Mann begriff.

Erkenntnis und Handeln

Unser erworbenes, aus Büchern entnommenes Wissen
geht an der praktischen Seite des Lebens vorbei.

Ein pedantischer und eingebildeter Gelehrter mietete ein Fährboot, um einen Fluss zu überqueren. Beim Übersetzen richtete der Fährmann das Wort an ihn – sein Satz aber war voller Fehler. »Hast du je die Grammatik studiert?«, kanzelte der Gelehrte ihn besserwisserisch ab.

Der andere antwortete:

»Nein, nie!«

Da rief der Gelehrte aus:

»In diesem Fall hast du die Hälfte deines Lebens vertan!«

Ein paar Minuten später schwoll plötzlich der Fluss an und der Wind peitschte die Wellen. Der Fährmann wandte sich an den Gelehrten und fragte: »Und du, hast du je schwimmen gelernt?«

»Nein!«

»In diesem Falle«, sagte der Fährmann, »hast du dein ganzes Leben vertan, denn wir gehen unter!«

Der Preis der Weisheit

Alles hat seinen Preis (den wir mit Geld oder mit der Aufgabe unserer fixen Ideen bezahlen). Nichts ist wohlfeil, schon gar nicht die Weisheit.

Eines Tages begab sich eine Gruppe von Weisheitssuchenden zu einem Meister, um seine Lehren zu hören.

Der Meister sagte:

»Wenn ihr die Weisheit wollt, müsst ihr dafür bezahlen!«

Da rief einer der Gruppe empört aus:

»Wie das? Wir sollen für die Weisheit bezahlen?«

Der Meister antwortete:

»Habt ihr noch nie davon gehört, dass die Seltenheit einer Sache ihren Wert bestimmt?«

Der Preis einer Ohrfeige

Wahre Erkenntnis, die uns ermöglicht, Dinge aus einem neuen Blickwinkel zu sehen, hat ihren Ursprung nicht in formalem Wissen, sondern in der Fähigkeit zur Intuition.

Ein Spaßvogel sah einmal einen Mann gedankenverloren seiner Wege gehen. Er wollte ihm einen Streich spielen und verpasste ihm einen Schlag auf den Kopf. Als der Mann sich umdrehte, sagte der Spaßvogel:

»Oh, entschuldigen Sie, aber von hinten habe ich Sie für einen meiner Freunde gehalten.«

Der Mann, der nicht dumm war, brachte den Spaßvogel vor den Richter. Der Zufall wollte es, dass dieser ein Freund des Spaßvogels war. Nach eingehender Prüfung des Vorgefallenen urteilte der Richter so:

»Wer den Schlag gegeben hat, muss bezahlen. Der Preis für den Schlag ist eine Silbermünze.«

Der Spaßvogel gestand seine Schuld ein. Aber da er kein Geld in der Tasche hatte, fragte er, ob er zu Hause welches holen könne.

Der Richter erlaubte ihm dies. Die anderen blieben im Gericht, um auf den Spaßvogel zu warten. Es verging einige Zeit, aber vom Spaßvogel war nicht einmal ein Schatten zu sehen. Als der Geschädigte nun sah, dass er verspottet worden war, stand er auf, versetzte dem Richter einen Schlag und sagte:

»Euer Ehren! Da der Preis für einen Schlag eine Silbermünze ist, nehmt Euch ruhig, was Euch zusteht, wenn der andere wieder zurückkommt. Ihr könnt ja allein auf ihn warten, ich habe leider keine Zeit mehr!«

Das Kaninchen und
der Dummkopf

Muss denn alles, was geschieht, sich notwendig wiederholen?
Die Geschichte zeigt, wie sehr wir doch ständig im Kreis denken.

Es war einmal ein Kaninchen, das im Zickzack im Wald herumsprang. Mitten in seinen Luftsprüngen stolperte es über die Wurzel eines Baumes und fiel leblos zu Boden.

In diesem Augenblick kam ein Jäger aus dem Land der Einfaltspinsel dort vorbei. Er sah den Vorfall, hob das Kaninchen auf und ging zufrieden nach Hause, um es zu braten.

Von diesem Tag an ging er immer wieder an die Stelle zurück, wo das Kaninchen gestorben war, denn er war sich sicher, dort mühelos wieder eines fangen zu können.

Der Schmuggler

Denkt man ständig in Schablonen,
erfasst man nur einen winzigen Teil der Wirklichkeit,
der Rest bleibt verborgen.

Ein Mann überquerte Tag für Tag die Grenze auf dem Rücken seines Maultiers, dessen Satteltaschen vor Heu überquollen. Auf dem Rückweg versäumte er es nie, zu den Zollbeamten zu sagen:

»Ich bin ein Schmuggler!«

Und so kontrollierten sie ihn jedes einzelne Mal von Kopf bis Fuß. Besonders sorgfältig untersuchten sie die Satteltaschen. Ihr Eifer ging so weit, dass sie das Heu verbrannten oder es ins Wasser legten, um zu sehen, ob nicht etwas darin versteckt sei.

Aber sie fanden nie auch nur das kleinste bisschen Schmuggelware.

Viele Jahre vergingen, und der Mann wurde reich. Eines Tages beschloss er, seine Geschäfte aufzugeben und seinen Wohnsitz in einem anderen Land aufzuschlagen.

Jahre später lief ihm einer der alten Zöllner über den Weg, der längst nicht mehr im Dienst war. Dieser fragte ihn neugierig:

»Jetzt, wo du nichts mehr zu fürchten hast, kannst du es mir ja sagen: Was zum Teufel hast du eigentlich geschmuggelt?«

»Maultiere«, antwortete der Mann.

Besser ein intelligenter Feind als ein dummer Freund

Nicht immer beherrscht man etwas,
nur weil man es zu beherrschen meint.

Ein alter Tischler hatte einen einfältigen Sohn, der ihm bei der Arbeit half.

Eines Tages hobelte er gerade ein Stück Holz ab, als sich eine große Mücke auf seinem Kopf niederließ und ihn stach.

»Au, tut das weh!«, jammerte er und sagte zu seinem Sohn. »Das Ding hat ja einen Stachel wie eine Nadel! Ich habe gerade keine Hand frei. Kannst du das vielleicht erledigen?«

»Keine Sorge, Vater. Ich kümmere mich um sie. Ein Schlag und sie ist erledigt.«

Der Sohn griff nach einem Knüppel und versetzte dem Vater einen Schlag auf den Kopf, der die Mücke tötete. Auch der Vater blieb halb tot auf dem Boden liegen. Als der Junge begriff, was er getan hatte, weinte er über seine eigene Dummheit.

Die richtigen Worte

*Der Weise passt seine Ausdrucksweise dem Verständnis dessen an,
den er zum Heil führen will.*

Der Geizhals eines Dorfes fiel in den See.

»Hilfe, Hilfe, ich kann nicht schwimmen!«, rief er aus vollem Halse und schnappte dabei nach Luft.

Sogleich eilten die Dorfbewohner herbei, um ihn zu retten. Einer schrie ihm zu:

»*Gib mir* deinen Arm, dann ziehe ich dich heraus!«

Ein anderer rief:

»*Gib mir* deine Hand, dann rette ich dich!«

Ein Dritter brüllte:

»*Gib mir* deinen Finger, dann kann ich dich festhalten!«

Aber der Geizige wollte nichts geben: weder Arm, noch Hand, noch Finger. Und so versank er immer tiefer im Wasser. Da sagte ein Vierter zu ihm:

»*Nimm* meine Hand, ich bringe dich in Sicherheit.«

Sofort ergriff der Geizhals die Hand des Mannes. Und so wurde er gerettet.

Furcht

Wer seinen Ängsten folgt, die aus einem schwachen,
aber solide erscheinenden Fundament erwachsen,
wird nie innere Gelassenheit erlangen.

In einer mondlosen Nacht auf menschenleerer Straße fanden sich zwei Freunde auf dem Heimweg wieder.

Als sie in den Lichtkegel einer Straßenlaterne gerieten, vernahm einer der beiden plötzlich ein Geräusch und erschrak. Aus dem Augenwinkel sah er ihrer beider Schatten und hielt sie irrtümlich für zwei Personen. Verängstigt flüsterte er dem anderen ins Ohr:

»Schnell, machen wir uns aus dem Staub! Wir werden verfolgt. Und hier sind nur du und ich, während die beiden zu zweit sind!«

Nicht ganz bei Trost

Erkenntnis erlangt man nicht ohne Willenskraft.
Doch der Wille eines kurzsichtigen und faulen Menschen ist nichts
weiter als die Summe jener Wünsche, die seiner Natur entsprechen.

Ein Mann beschloss, nächsten Sommer am Strand eine gute Figur zu machen.

Und so bestellte er einen Fernkurs in Bodybuilding.

Als er den letzten Lehrbrief erhalten hatte, schrieb er an den Anbieter:

»Sehr geehrtes Unternehmen, ich habe alle Lektionen Ihres interessanten Kurses erhalten. Ich möchte Sie nun bitten, mir freundlicherweise auch die Muskeln zu senden.«

Der Schein trügt

*Das Problem an der Vermutung ist, dass sie auf Schein beruht,
der dem Sein nicht entsprechen muss.*

Der Mann, den alle für den Dorftrottel hielten, saß an einem heißen Tag auf dem Mäuerchen am Straßenrand und ließ seine Angel in einem Eimer mit Wasser baumeln.

Da kam der Dorfgelehrte vorbei und fragte mit hochmütiger Miene:

»Na, du Spatzenhirn, wie viele haben denn heute schon angebissen?«

»Nicht viele, ehrwürdiger Herr. Ihr seid der Erste!«

Die drei Philosophen

Wer wie besessen nach philosophischer Erkenntnis sucht,
verpasst das Leben in seiner strahlenden Einfachheit.

Drei Philosophen reisten von Dorf zu Dorf, um den Weisesten unter den Menschen zu finden. Überall, wo sie hinkamen, ergingen sie sich in klugen philosophischen Diskussionen mit den Gelehrten des Ortes.

Als sie wieder einmal in ein Dorf kamen, glaubten sie im Eifer ihrer Suche, in einem Bauern, der da zufällig seiner Wege ging, den Dorfweisen vor sich zu haben.

Der erste Philosoph verlor keine Zeit und überfiel den armen Mann sogleich mit einer Frage:

»Wo liegt der Mittelpunkt der Erde?«

Etwas verwundert ob dieser merkwürdigen Frage gab der Bauer zur Antwort:

»Der Mittelpunkt der Erde ist dort, wo mein Esel mit dem Huf aufstampft.«

»Kannst du beweisen, was du da behauptest«, fragten die drei Philosophen, die diese ungewöhnliche Antwort neugierig gemacht hatte.

»Wenn du mir nicht glaubst, dann nimm ein Maßband und miss selber!«

Der zweite Philosoph aber fragte den Bauern:

»Wie viele Sterne stehen am Himmel?«

»Ebenso viele, wie das Fell meines Esels Haare hat. Wenn du einen Beweis brauchst, dann zähl sie doch. Dann wird man sehen, ob ich Recht habe.«

Nun stellte der dritte Philosoph seine Frage:

»Wie viele Wege menschlicher Erkenntnis gibt es?«

»Die Antwort ist einfach. Ihre Zahl ist die gleiche wie die deiner Barthaare. Wenn du an meinen Worten zweifelst, dann reiße dir deine Barthaare eins ums andere aus und zähle sie. Willst du es ganz genau wissen, dann kannst du auch noch die Haare auf dem Schwanz meines Esels zählen. Es sind ihrer ebenso viele, wie es Wege der Erkenntnis gibt.«

Die drei Philosophen gaben sich mit diesen Antworten zufrieden. Sie hatten verstanden, dass ihre philosophischen Spekulationen zu nichts führten, und kehrten nach Hause zurück.

Ein Kilo Fisch oder ein Kilo Katze?

Verändern sich die Dinge,
wenn wir unseren Blickwinkel ändern?

Eine Frau kaufte einmal ein Kilo Fisch auf dem Markt und legte es auf den Küchentisch. Auf leisen Pfoten schlich sich die Katze ihres Gemahls heran und verputzte den ganzen Fisch.

Die Frau geriet außer sich vor Wut und brüllte ihren Gatten an:

»Jetzt reicht es. Höchste Zeit, dass du diesem Mistvieh den Hals umdrehst!«

Der Gatte aber meinte: »Was macht dich denn so sicher, dass die Katze den Fisch gefressen hat? Hast du sie etwa dabei gesehen?«

»Nein!«, schrie die Frau.

»In diesem Fall mache ich dir einen Vorschlag. Lass uns die Katze wiegen. Dann werden wir wissen, ob wirklich sie es war, die den Fisch gefressen hat.«

Sie setzten die Katze auf die Waage, und diese zeigte exakt ein Kilo an.

»Da siehst du's!«, triumphierte die Frau. »Sie hat den Fisch gefressen!«

Doch ihr Mann erwiderte nur: »Also, wenn das die Katze ist, dann sag' mir bitte, wo der Fisch geblieben ist? Sollte das Kilo aber Fisch sein, was wäre dann aus der Katze geworden?«

Eine Lektion in Kundenpflege

*Ehrerbietung ist eine Ware, die es im Sonderangebot gibt —
bei Leuten, die etwas von uns wollen.*

Der Boss des Viertels war bekannt dafür, dass er Kellnern stets ein fürstliches Trinkgeld gab. Einmal ging er zum Abendessen in das berühmteste Restaurant der Stadt, wo man ihm ein überaus leckeres Brathuhn servierte. Nachdem er es verzehrt hatte, sagte der hellauf begeisterte Boss zum Ober: »Ich wünsche, dass Sie mir diese Köstlichkeit künftig jeden Tag zubereiten. Gibt es denn etwas Feineres auf der Welt als Brathuhn?«

»Nein, Exzellenz, etwas Feineres als Brathuhn gibt es wirklich nicht«, gab ihm der Ober pflichtschuldigst Recht.

Nach etwa einer Woche, in der man ihm stets den nämlichen Leckerbissen aufgetischt hatte, polterte der Boss außer sich vor Wut los: »Schafft mir diesen widerlichen Fraß aus den Augen! Ich kann kein Brathuhn mehr sehen. Es hängt mir zum Hals raus!«

»Selbstverständlich, Exzellenz, es gibt nichts Ekelhafteres als Brathuhn!«, stimmte ihm der Ober dienstbeflissen zu.

»Aber hast du nicht vor ein paar Tagen noch gesagt, es gebe kein feineres Gericht auf der Welt als Brathuhn?«, fragte ihn daraufhin der Boss.

»Gewiss, mein Herr, aber meine Aufgabe ist es, Sie zufriedenzustellen und nicht das Huhn.«

Die Wäscheleine

Ein Geist, der nicht über den Schatten seiner Vorurteile
zu springen vermag, verstellt sich den Weg zur Einsicht gründlicher,
als man glauben möchte.

Der Nachbar bat Herrn Jedermann, er möge ihm doch seine Wäscheleine leihen. Es vergingen einige Wochen, ehe er sie wieder zurückbrachte. Zwei oder drei Tage später aber stand er schon wieder vor der Tür, um sich die Wäscheleine auszuborgen.

»Es tut mir wirklich leid, aber ich kann sie dir nicht leihen. Ich brauche sie zum Salztrocknen.«

»Oho! Man kann doch wohl kaum Salz auf einer Leine trocknen.«

»O doch, es ist viel einfacher, als man glaubt, vor allem, wenn man die Leine nicht verleihen möchte.«

Wer ist der Gast?

*Ein Gewand mag noch so nützlich sein,
essen kann es nicht.*

Altorientalisches Sprichwort

Ein reicher Mann ließ öffentlich verkünden, dass er ein Bankett gebe, zu dem das ganze Dorf geladen sei. Diese Neuigkeit kam auch einem Bettler zu Ohren. Er hatte schon seit einiger Zeit nichts mehr gegessen, und so schien ihm dies eine willkommene Gelegenheit, sich endlich wieder einmal den Magen zu füllen. Doch als er beim Haus des Reichen ankam, wurde er auf schändlichste Weise davongejagt.

»Wie kannst du es wagen, unser Haus zu betreten, du Lump von einem Bettler!«, schrie man ihn an.

Also begab er sich zum Haus eines Freundes und bat ihn, er möge ihm doch ein schönes Festgewand leihen. Der Freund gab es ihm und besprengte ihn zudem mit wohlriechenden Essenzen. Solchermaßen in Düfte und edle Kleider gehüllt, präsentierte der Bettler sich neuerlich beim Bankett. Dieses Mal wurde er mit allen Ehren empfangen und man bat ihn, doch an der Tafel Platz zu nehmen.

Als nun die diversen Köstlichkeiten aufgetragen wurden, schob der Bettler sich mit einer Hand das Essen in den Mund, während er mit der anderen Hut und Taschen füllte. Dabei sprach er:

»Greift nur zu, meine Kleider, und esst! Schließlich seid ihr zu diesem Fest geladen worden, nicht ich!«

Der Geizhals

Besitzdenken und das daraus erwachsende Streben nach Gewinn sowie Angst vor Verlust erschweren jede tiefer gehende Einsicht.

Vor langer, langer Zeit befand sich ein Kaufmann, ein großer Geizhals, auf dem Heimweg von einer langen Reise. Unterwegs kehrte er in einem Gasthof ein, um sich zu stärken. Während er mit großem Appetit speiste, dachte er an seine Lieben zu Hause. Er konnte es kaum erwarten, ihnen zu erzählen, welch vorteilhafte Geschäfte er getätigt hatte.

Als er so diesen Gedanken nachhing, erblickte er einen Wanderer, der geradewegs aus seiner Heimatstadt zu kommen schien. Sogleich fragte er ihn:

»Kommst du vielleicht aus der Stadt Soundso?«

»Ja.«

»Kennst du zufällig meine Familie? Weißt du, wie es ihr geht?«

»Sie sind alle wohlauf«, antwortete der Wanderer.

»Und wie geht es meinem Kamel? Und meinem Hund?«

»Denen geht es auch sehr gut.«

Solchermaßen beruhigt, würdigte der Geizhals den Wanderer keines weiteren Blickes, noch bot er ihm Essen oder Trinken an, wie es der Brauch verlangt hätte. Stattdessen wandte er sich wieder seinem Mahl zu, um sich weiter den Bauch vollzuschlagen.

Also beschloss der Wanderer, dem Geizhals einen ordentlichen Streich zu spielen. Bald schon zeigte sich auf der Dorfstraße ein Hund, der seinem Herrn hinterherlief. Der Wanderer stieß einen tiefen Seufzer aus.

»Was hast du?«, fragte der Kaufmann, wobei er kaum von seinem Teller aufblickte.

»Mir ist gerade wieder eingefallen, dass auch dein Hund treu und zuverlässig war, bevor er starb.«

»Wie? Mein Hund ist tot? Wie ging das zu?«

»Unglücklicherweise hat er aus lauter Gier zu viel Kamelfleisch gefressen.«

»Kamelfleisch?«, fragte der verblüffte Kaufmann.

»Ja, so ist es. Das Fleisch deines Kamels.«

»Was sagst du da? Mein Kamel ist auch tot? Wie konnte das nur geschehen?«

»Es wurde zur Beerdigung deiner Frau geschlachtet.«

»Meine Frau – tot? Was ist denn passiert?«

»Sie starb vor Kummer, als sie erfuhr, dass dein Sohn dahingegangen ist.«

»Mein Sohn? Wie konnte das geschehen?«

»Er ist in eine Schlucht gestürzt.«

Als er das gehört hatte, sprang der Kaufmann wahnsinnig vor Kummer über den Verlust seiner Lieben auf und rannte schreiend in Richtung Heimat.

Größenwahn

*Ein falsches Bild der eigenen Möglichkeiten
und ausufernde Allmachtsphantasien
sind die häufige Frucht
der Selbstüberschätzung.*

Eines Tages erklomm ein Mistkäfer die Spitze eines großen, frischen Dunghaufens. Als er oben angelangt war,
bröckelte von dem noch weichen Dunghaufen ein Stückchen ab. Voll Stolz sprach da der Käfer:

»Unter meinem Gewicht erbebt die Erde!«

In diesem Augenblick kam ein Elefant am Dunghaufen
vorbei. Dessen bestialischer Gestank schlug ihn allerdings
augenblicklich in die Flucht.

Da rief der Mistkäfer triumphierend aus:

»Auf der Spitze meines Berges stehe ich als Herrscher der
Welt! Ich fürchte nichts und niemanden! Selbst Elefanten
gehen mir aus dem Weg!«

Als der Dickhäuter diese Worte des Mistkäfers vernahm,
machte er kehrt und sprach:

»Es scheint mir an der Zeit, dir eine kleine Lektion zu
erteilen. Da du so stolz bist auf deinen Haufen und meinst,
es gäbe nichts Herrlicheres auf der Welt, will ich ihn noch

ein Stück höher machen für dich! Und dazu muss ich nicht einmal meinen Rüssel oder meine Füße bemühen.«

Und so geschah es, dass der Mistkäfer unter einem Berg von Exkrementen begraben wurde.

Zwingende Logik

Logik und Intellekt, die wichtigsten Werkzeuge des analytischen Geistes, finden immer wieder überzeugte Fürsprecher.

Es ist schon viele Jahre her, da lag eine Frau in den Wehen, obwohl sie und ihr Mann erst seit drei Monaten verheiratet waren.

»Wie kann das Kind denn jetzt schon kommen? Wir sind doch noch gar nicht so lange verheiratet?«, fragte der reichlich verwunderte Gatte.

»Mein Lieber! Ich will es dir erklären. Sind es nicht drei Monate, dass du mit mir verheiratet bist? Und macht es nicht ebenso drei Monate, dass ich mit dir verheiratet bin? Und drei weitere Monate, dass wir zwei miteinander verheiratet sind?«, rechnete ihm die Gattin vor.

»Ach mein liebes Frauchen! Du hast Recht. Bring nur gleich unser Kind zur Welt. Denn deine Logik ist ohne Fehl und Tadel!«

Die richtige Art des Lernens

Erst wenn wir gelernt haben, wie man lernt, können wir uns daranmachen, das zu lernen, was zu lernen ist.

Ein kluger Mann schickte sein Söhnchen zum Wasserholen an den Bach. Er drückte ihm einen Tonkrug in die Hand und ermahnte es:

»Gib mir ja gut Acht auf diesen Krug!«

Mit diesen Worten gab er ihm einen Klaps auf den Kopf.

Ein Mann, der gerade des Wegs gekommen war und die Szene beobachtet hatte, fragte daraufhin den Vater:

»Ist das die rechte Art, sein Kind zu erziehen, dass man es straft, bevor es etwas Verkehrtes getan hat?«

»Wenn ich ihn erst strafe, wenn er den Krug zerbrochen hat, ist es zu spät. Strafe ich ihn aber schon vorher, dann wird mein Sohn achtsam sein, kein Wasser verschütten und den Krug heil nach Hause bringen«, gab ihm der Weise zur Antwort.

Allzu arm

Was wir geben, bleibt unser, was wir behalten, ist auf immer verloren.

Armenisches Sprichwort

*All seinem Geld und Reichtum zum Trotz kann ein Mensch
so bedürftig sein, dass er einem anderen nicht einmal die geringste
Kleinigkeit zu schenken vermag.*

Ein Bettler kam vor das Haus eines sehr reichen Mannes
und bat um ein Almosen.

»Ich flehe Euch an! Ich habe großen Hunger. Bitte gebt
mir ein Stück Brot!«

»Du zerlumpter Kerl! Mein Haus ist doch keine Bäcke-
rei!«, versetzte der Reiche verächtlich.

»Ich bitte Euch! Gebt mir doch wenigstens ein kleines
Stück Speck.«

»So eine Unverschämtheit! Das ist doch hier kein Metz-
gerladen!«

»Oder ein bisschen Obst.«

»Das wird ja immer besser! Sieht dieses Haus so aus, als
würde hier ein Bauer wohnen?«

»Dann gebt mir wenigstens ein Glas Wasser. Ich sterbe
vor Durst.«

»Du elender Bettler! Siehst du hier irgendwo einen Bach oder einen Fluss vorbeifließen?«

Auf diese Worte hin ließ der Bettler seine Hosen herunter und setzte einen großen Haufen vor das Tor des Hauses.

»Was tust du da, du Schwein!«, schrie der Reiche außer sich vor Empörung.

Bescheiden antwortete der Bettler:

»Na ja, schließlich wohnt hier keiner. Wie wäre das auch möglich in einem Haus, in dem es nichts zu essen und nichts zu trinken gibt? Also muss das hier ein Abtritt sein!«

Der Regenmacher

Unser eingleisiges Denken geht davon aus,
dass ein und dieselbe Ursache
auch stets ein und dieselbe
Auswirkung zeitigt.

Die lange Dürre hatte das ganze Dorf in die Knie gezwungen. Die Wasservorräte waren fast erschöpft, und alle hatten Angst. In ihrer Verzweiflung wussten die Bewohner des Dorfes nicht mehr ein noch aus. So kam es, dass sie einen zufällig des Weges kommenden Wanderer für einen Regenmacher hielten.

»Wir flehen Euch an! Lasst es regnen! Wir sind am Verdursten.«

Sie bedrängten ihn so sehr, dass der arme Wanderer ihren Wunsch nicht abschlagen konnte. Er dachte kurz nach. Dann ließ er sich einen Kübel voll Wasser bringen, zog sein schmutziges Hemd aus und begann, es zu waschen.

Da schrien die Dorfbewohner ihn an: »Unglückseliger! Das war unsere letzte Ration Wasser. Wir sterben hier vor Durst, und du wäschst deine verdreckten Lumpen in dem letzten bisschen Wasser, das uns noch geblieben ist. Wie willst du auf diese Weise Regen machen?«

Der Mann antwortete ihnen: »Ihr müsst euch nur noch ein wenig gedulden. Wisst ihr denn nicht: Es regnet nie, wenn man die Wäsche wäscht. Doch sobald man sie zum Trocknen aufhängt, gießt es wie aus Eimern.«

Vorsicht ist besser als Nachsicht?

*Mit allzu vielen Vorkehrungen machen wir uns schnell
einen Strich durch die eigene Rechnung.*

Ein Mann von einfältigem Gemüt malte eine schöne Sonnenuhr an seine Hauswand.

Eines Tages schüttete es wie aus Eimern, und der Regen wusch die Farbe seiner Sonnenuhr ab.

Da überlegte er, wie er seine Sonnenuhr künftig vor Regen schützen könnte.

Und so brachte er über seiner Sonnenuhr ein Schutzdach an.

Alles ist vollkommen

Wenn sich die Wolken des Denkens zerstreut haben,
zaubert die Vollkommenheit dieser Welt ein Lächeln
auf unser Antlitz.

Ein kleiner Junge hatte mit seinen Freunden gespielt. Um sich ein wenig auszuruhen, setzte er sich unter eine große Eiche und blickte zu den Ästen hinauf, an denen viele kleine Eicheln hingen. Als er seinen Blick wieder senkte, bemerkte er in der Nähe ein Feld mit riesigen Melonen. Da dachte er bei sich:

»Komisch. Ein so riesiger Baum hat so winzige Früchte. Und so kleine Pflanzen wie die da auf dem Feld haben so große Früchte. Warum nur?«

Kaum war ihm dieser Gedanke gekommen, fiel ihm plötzlich eine Eichel auf den Kopf. Da rief er erfreut aus:

»Oh! Welch ein Glück, dass auf dem Baum keine Melonen wachsen!«

Fixe Idee

Sobald wir einmal von einer fixen Idee besessen sind,
sehen wir uns von allem, was geschieht,
in unserem Wahn bestätigt.

Eine Frau war über die Maßen eifersüchtig und bildete sich ein, ihr Mann betrüge sie mit einer anderen. Also beschloss sie, sich Gewissheit zu verschaffen und nach Beweisen für seine Schuld zu suchen.

»Sobald er heimkommt, werde ich seine Jacke durchsuchen. Bestimmt finde ich darauf die Haare anderer Frauen«, dachte sie und konnte es kaum erwarten, bis er nach Hause kam.

Kaum war ihr Gatte zur Tür herein, stürzte sie schon auf ihn los und nahm seine Jacke unter die Lupe. Doch so gründlich sie auch alles inspizierte, entdeckte sie dennoch kein einziges Frauenhaar. Und so schrie sie ihn an:

»Auf der Stelle sagst du mir, wer diese kahlköpfige Frau ist, mit der du mich betrügst!«

Geldprämie

*Unsere Angewohnheit, den Wert eines jeden Dinges in Geld
zu messen, kann uns zu unüberlegten Handlungen verleiten.*

»Herbei, herbei, meine wackeren Freunde! Bedient euch!
Die sind alle für euch!«, rief ein Mann immer wieder laut,
während er Silbermünzen in einen Teich warf.

Ein anderer Mann, der ihn neugierig beobachtete, fragte:

»Warum wirfst du denn Geld in diesen Weiher?«

»Um mich zu bedanken«, gab er zur Antwort. »Ich ritt
gerade auf meinem Maulesel an diesem Weiher vorbei, als
sich sein Huf in einer Wurzel verfing. Wir wären gestürzt,
hätten nicht plötzlich die Frösche lauthals losgequakt und
meinen Maulesel so erschreckt, dass er sein Gleichgewicht
wiederfand. Wären diese Frösche nicht gewesen, so hätte
ich mir den Hals gebrochen. Dafür will ich sie mit diesen
Silbermünzen belohnen.«

Ohne Worte

Die Erfahrung der Befreiung kann nicht mit Worten vermittelt werden, schon gar nicht, wenn der Empfänger dieser Worte immer noch vom begrifflichen Denken geprägt ist.

In einer Hütte tief im Wald lebte ein großer Weiser, der die meiste Zeit seines Lebens kein Wort gesprochen hatte. Bat man ihn, seine Lehre darzulegen, antwortete er nur mit Schweigen.

Eines Tages schloss sich ihm ein Schüler an, um von ihm unterwiesen zu werden. So verharrten sie mehrere Jahre in vollkommenem Schweigen, ohne auch nur eine einzige Silbe gesprochen zu haben. Doch mit der Zeit begann diese Stille, den Schüler zu bedrücken, und sein Wunsch zu reden wurde immer mächtiger.

Eines Morgens, als er den Sonnenaufgang betrachtete, hielt er es einfach nicht mehr aus und platzte heraus: »Meister, seht nur! Welch wunderbarer Sonnenaufgang!«

Doch der Weise sagte nur zu ihm: »Was bist du doch für ein Schwätzer! Wenn du hierher gekommen bist, um mich zu stören, dann packst du dich besser fort! Du redest nur nutzloses Zeug. Welchen Sinn hat es, das zu sagen, was du gesagt hast?«

Hirngespinste sind ansteckend

Bisweilen fällt es uns schwer zu erkennen, in welchem Ausmaß
wir in fremden Vorstellungen beziehungsweise den
Erwartungen unserer Umgebung gefangen sind.

»Herr Doktor, Herr Doktor! Auf meinen Armen krabbeln
überall kleine grüne Spinnen mit roten Beinen herum!«,
sagte der Patient und fuchtelte dabei nervös mit den Armen.

»Schon gut, schon gut«, meinte der Psychiater nervös.
»Fuchteln Sie nicht so mit den Armen, sonst springen sie
noch auf mich über!«

Vermutungen

*Häufig entgeht uns, dass wir nicht
die Wirklichkeit selbst sehen,
sondern nur unser Bild davon.*

Ein Mann kam allein in eine Bar.

»Zwei Whisky bitte!«

Sprach's, trank aus, zahlte und ging. Diese Szene wiederholte sich einige Zeit lang, sodass der Barkeeper schließlich neugierig wurde und fragte:

»Entschuldigen Sie bitte, ich will mich ja nicht in Ihre Angelegenheiten mischen, aber warum bestellen Sie immer zwei Whisky und nicht einfach einen doppelten?«

»Das habe ich mit einem Freund von mir so abgemacht. Wir haben uns regelmäßig auf einen Whisky getroffen. Nun ist er für längere Zeit verreist, und da habe ich ihm versprochen, dass ich bis zu seiner Rückkehr immer einen Whisky für ihn mittrinken würde. Deswegen bestelle ich immer zwei Gläser.«

Eines Tages aber bestellte der Mann nur ein einziges Glas Whisky.

»O je!«, rief da der Barkeeper ganz besorgt aus. »Ihrem Freund wird doch nichts passiert sein?«

»Nein, nein. Aber ich für meinen Teil habe mit dem Trinken aufgehört.«

Mehr Licht!

*Viele ernsthaft nach der Weisheit Suchende wissen nicht so recht,
wo sie mit ihrer Suche beginnen sollen, und so streben sie nach
exaltierten Gemütszuständen, die sie mit authentischen
spirituellen Erfahrungen verwechseln.*

Ein Mann kroch auf allen vieren mitten auf dem Stadtplatz
herum. Offensichtlich suchte er etwas. Ein Passant trat hin-
zu und fragte ihn:

»Was suchen Sie denn da?«

»Meine Kontaktlinse.«

Da machten die beiden sich gemeinsam auf die Suche.
Nach einiger Zeit fragte der Passant:

»Wo genau haben Sie eigentlich Ihre Kontaktlinse verloren?«

»Bei mir zu Hause«, antwortete der Mann.

»Äh, und warum suchen Sie dann hier auf dem Platz?«

»Hier ist das Licht besser als bei mir daheim!«

Mathematisches Kalkül

Unser westliches Denken bewertet die Dinge gerne vom Standpunkt der Vernunft und Logik aus. Doch gibt es Situationen im Leben, denen wir mit diesem Ansatz nicht gerecht werden.

»Sehr geehrte Fluggäste! Hiermit möchten wir Sie darüber informieren, dass eines der vier Triebwerke unserer Maschine ausgefallen ist. Es besteht keinerlei Anlass zur Besorgnis. Jedoch müssen Sie mit einer zweistündigen Verspätung rechnen«, gibt der Pilot über Bordlautsprecher durch.

Nicht viel später allerdings vermeldet der Bordlautsprecher:

»Verehrte Fluggäste. Bedauerlicherweise ist ein weiteres Triebwerk ausgefallen. Es besteht aber keinerlei Anlass zur Beunruhigung. Unsere voraussichtliche Verspätung erhöht sich dadurch auf vier Stunden.«

Die dritte Durchsage lässt nicht lange auf sich warten:

»Verehrte Fluggäste! Leider ist auch das dritte Triebwerk ausgefallen. Es besteht jedoch keinerlei Grund zur Panik. Mit Hilfe des funktionierenden Triebwerks werden wir unser Ziel erreichen, allerdings mit sechsstündiger Verspätung.«

Nach ein paar Minuten fragt der Flugzeugkapitän mit angsterfüllter Stimme:

»Ist ein Priester an Bord, der die letzte Ölung erteilen kann? Das vierte Triebwerk ist auch ausgefallen!«

Nach dieser letzten Durchsage erfasst Panik die Passagiere. In ihrer Angst weinen die Menschen, beten und rufen um Hilfe.

Inmitten des Aufruhrs sitzt gelassen ein Mann, scheinbar unberührt von allem, was um ihn herum vorgeht. Da fragt ihn seine Sitznachbarin weinend:

»Haben Sie denn gar keine Angst?«

»Ehrlich gesagt verstehe ich die ganze Hysterie nicht«, antwortet der Angesprochene ruhig, »wir haben doch schlimmstenfalls acht Stunden Verspätung!«

Die besten Absichten

*Manchmal ist unsere gute Absicht das Letzte,
was ein anderer braucht.*

Eines Tages entdeckte ein altes Mütterchen, das es gut mit allen Geschöpfen meinte, einen Steinadler, der auf dem Sims vor ihrem Fenster hockte. Noch nie in ihrem Leben hatte sie ein solches Tier gesehen und dachte daher verwundert:

»Mein armes Täubchen, wie wunderlich siehst du doch aus. Du tust mir von Herzen leid. Doch ich will mich deiner annehmen!«

Sogleich ergriff sie eine große Schere und stutzte dem Tier Flügel und Schopf. Ein weiterer Schnitt, und schon war der krumme Schnabel hübsch gerade. Ein letzter sauberer Schnitt befreite den Vogel auch von seinen Klauen.

Zufrieden mit ihrem Werk ließ sie den Adler, der nun eher einer Taube ähnelte, wieder frei und sprach zu sich:

»Ja, jetzt siehst du endlich wie ein richtiger Vogel aus. Das liegt nur daran, dass sich nie jemand um dich gekümmert hat!«

Innere und äußere Wahrheit

*Wenn wir auf Kategorien wie gut oder schlecht,
richtig oder falsch, schön oder hässlich beharren,
wie sie im Laufe der Geistesgeschichte entwickelt wurden,
wird es uns nicht gelingen, die für einen inneren Fortschritt
nötigen Fähigkeiten auszubilden.*

»Wenn der Mensch nicht in Übereinstimmung mit der inneren Wahrheit lebt, kann man ihn auch nicht durch Gesetze moralisch bessern. Gesetze sind nur die äußere Seite der Wahrheit. Sie werden von Menschen gemacht, und daher neigen die Menschen auch dazu, sie nicht zu respektieren. Zuerst muss die innere Wahrheit gefunden werden, dann wird man auch im Äußeren der Wahrheit folgen. Doch gewöhnlich versucht man, das Pferd von hinten her aufzuzäumen«, sprach der königliche Ratgeber.

»Nein und nochmals nein, du irrst dich!«, schnaubte der König. »Was wahr ist, ist wahr, und was falsch ist, ist falsch! Man kann die Menschen sehr wohl mit Hilfe von Gesetzen dazu bringen, dem Weg der Wahrheit zu folgen. Ich werde es dir beweisen!«

Und so kam es, dass tags darauf jeder, der in die Stadt wollte, vom Scharfrichter empfangen wurde. Dieser hielt in der einen Hand ein Beil, in der anderen einen königlichen Erlass, auf dem zu lesen stand:

»Ein jeglicher, der diese Stadt betreten will, muss zuvor eine Frage beantworten. Wer die Wahrheit spricht, dem wird der Zutritt gewährt. Wer aber lügt, dem wird der Kopf abgeschlagen.«

Der Ratgeber des Königs war der Erste, der vortrat.

»Wo willst du hin?«, fragte der Henker.

»Ich bin gekommen, um mir den Kopf abschlagen zu lassen«, antwortete der Ratgeber des Königs.

»Du lügst!«

»Nun, wenn ich gelogen habe, musst du mir den Kopf abschlagen!«

»Aber wenn ich dir den Kopf abschlage, weil du gelogen hast, dann hättest du ja doch die Wahrheit gesagt!«

»So ist es! Ich habe gesagt, was du unter Wahrheit verstehst«, antwortete der Ratgeber des Königs.

Was mache ich hier?

*Diese Geschichte nimmt all jene aufs Korn, die meinen,
den Sinn des Lebens durch metaphysische Spekulationen
ergründen zu können.*

Eine Frau vergnügt sich gerade mit ihrem Liebhaber, als ihr
Mann ganz unerwartet nach Hause kommt.

»Schnell, versteck dich irgendwo«, fordert sie ihren
Liebhaber auf.

Letzterer, splitterfasernackt, hält eilig Ausschau nach
einem geeigneten Versteck und schlüpft schließlich in den
Schrank.

Als der nichtsahnende Gatte die Schranktür öffnet und
den gänzlich unbekleideten Mann erblickt, fragt er ihn:

»Darf man wissen, was du hier machst?«

Worauf der andere antwortet:

»Was ich hier mache? Ich befinde mich in einer mehr als
peinlichen Situation, und dir fällt nichts anderes ein, als mir
Fragen nach dem Zweck des Daseins zu stellen! Es ist doch
wohl logisch, dass der Mensch sich irgendwo aufhalten
muss!«

Der Schatten einer Wolke

*Entsprechend den Anordnungen der Meister, die mit dieser Parabel
ihre Schüler auf den Weg der Erkenntnis führen wollen,
wird die folgende Geschichte kommentarlos wiedergegeben.*

Ein Einfaltspinsel fand durch glücklichen Zufall eine Truhe voller Goldstücke. Aus Angst, dass man sie ihm vielleicht stehlen könnte, vergrub er sie in der Wüste.

Eines Tages beobachtete ihn ein Mann dabei, wie er im Wüstensand Loch um Loch grub, und fragte ihn schließlich, was er da eigentlich treibe.

»Ich suche meine Goldtruhe. Aber ich kann sie nicht mehr finden«, erwiderte der Gimpel.

»Hast du denn kein Zeichen angebracht?«

»Natürlich habe ich das! Ich bin schließlich kein Dummkopf!«

»Und was war das für ein Zeichen?«

»Es war der Schatten einer Wolke. Aber eben diese finde ich jetzt nicht mehr!«

Logik

Folgt unser Geist Denkmustern, die sich verselbstständigt haben,
hüpft er wie ein Affe von einem Gedanken zum nächsten.

Zwei Freunde sahen sich nach langer Zeit wieder.

»Wie geht es dir? Was hast du denn in all den Jahren getrieben?«

»Weißt du, ich habe viel Zeit mit meinen Studien verbracht. Vor allem mit Logik habe ich mich eingehend beschäftigt«, sagte der andere und setzte eine ernste Miene auf.

»Entschuldige, wenn ich so dumm frage«, erwiderte der andere, »aber was genau ist eigentlich ›Logik‹?«

»Das lässt sich nicht so einfach erklären. Aber ich kann dir ein Beispiel geben. Hast du zufällig ein Aquarium bei dir zu Hause?«

»Ja, hab ich.«

»Gut. Aus der Tatsache, dass du ein Aquarium besitzt, schließe ich, dass du Tiere magst.«

»Ja, stimmt genau!«, bestätigte der Freund mit wachsendem Interesse.

»Aus deiner Aussage, dass du Tiere magst, schließe ich wiederum, dass du auch Menschen magst – in Anbetracht

93

der Tatsache, dass der Mensch ein Säugetier ist, also dem Tierreich entstammt. Da du weiterhin ein Mann bist, also ein Mensch männlichen Geschlechts, komme ich – auf Grund des Gesetzes, wonach Gegensätze sich anziehen – sodann zu dem Schluss, dass du auch Frauen magst.«

»Wahnsinn, stimmt haargenau! Das war wirklich aufschlussreich, was du mir da erzählt hast!«, sagte der Freund wie vom Donner gerührt. »Auf so etwas wäre ich nie gekommen!«

»Na ja, kein Wunder. Schließlich hast du dich ja auch nie mit Logik beschäftigt«, antwortete der andere. Und mit diesen Worten trennten sie sich.

Immer noch beeindruckt von diesen logischen Schlussfolgerungen seines Freundes begegnete der Frauenliebhaber auf der Straße einem alten Bekannten, den er seit Jahren nicht mehr gesehen hatte. Sogleich beschloss er, das neu erworbene Wissen praktisch anzuwenden.

»Wie geht es dir? Wir haben uns ja seit einer Ewigkeit nicht mehr gesehen. Was hast du denn die ganze Zeit getrieben?«, wollte der Bekannte wissen.

»Ich habe mich mit Logik befasst!«, platzte der Frauenliebhaber neunmalklug heraus.

»Logik? Was ist denn das?«

»Na ja, weißt du, das kann man nicht so einfach erklären, doch ich will dir ein Beispiel geben. Hast du vielleicht bei dir zu Hause ein Aquarium?«

»Nein«, gab der Gefragte zur Antwort.

»Nein? Ach, dann bist du also homosexuell?«, schlussfol-
gerte der andere ohne Zögern.

Verpasste Gelegenheiten

*Unsere mangelnde Aufmerksamkeit schlägt dem Glück
die Tür vor der Nase zu, weil sie es für einen Störenfried hält.*

»Im Grunde genommen«, beklagte sich eines Tages die Gattin, »bist du ein richtiger Faulpelz!«

»Aber meine Liebe! Wieso nennst du mich denn Faulpelz?«, fragte ihr Mann mit dümmlicher Miene.

»Warum? Jedes Mal, wenn das Glück bei uns anklopft und sich eine gute Gelegenheit bietet, beschwerst du dich nur über den Lärm an der Tür.«

Ebenen der Kommunikation

Ein wahrer Meister schaut stets unmittelbar ins Herz des Schülers.
Um ihm seine verborgenen Seiten bewusst zu machen,
übermittelt er ihm, weil dies anders kaum möglich ist,
auf nonverbalem Weg eine Botschaft, die dem Schüler
ermöglicht, sich selbst in neuem Licht zu sehen.

Ein Mann, der die Welt durchreiste, begegnete einem Yogi, der in der Lotushaltung saß und meditierte. Da er dergleichen noch nie gesehen hatte, fragte er:

»Wer bist du? Und warum sitzt du so da?«

»Ich bin ein Yogi«, antwortete dieser, »und ich strebe danach, mich allen Lebewesen in Harmonie zu verbinden.«

»Das ist wirklich sehr interessant. Dass ich hier lebend vor dir stehe, ist nämlich einzig und allein das Verdienst eines Truthahns«, erzählte der Reisende.

»Wie wunderbar!«, rief der Yogi, »Mir ist es in meinem ganzen Leben noch nicht gelungen, in solch enge Verbindung mit einem Tier zu treten. Ich bitte dich, bleibe hier bei mir!«

Nach einigen Tagen gemeinsamer Meditation bat der Yogi den Reisenden, ihm doch sein Erlebnis mit dem Truthahn zu erzählen.

»Hm, nachdem ich dich ein bisschen näher kennen gelernt habe, glaube ich kaum, dass du die Geschichte wirklich verstehen wirst.«

Aber die Neugier des Yogi war geweckt und so bat er den anderen inständig, doch zu erzählen.

»Also gut, wenn du darauf bestehst, so will ich dir sagen, wie ein Truthahn mein Lebensretter wurde«, willigte der Reisende ein. »An besagtem Tag starb ich buchstäblich vor Hunger. Und das köstliche Fleisch des Vogels hat mich einen ganzen Tag lang satt gemacht!«

Beschränkte Sicht

Der Held der folgenden Geschichte führt uns vor,
welche Folgen es haben kann, wenn wir uns der Einseitigkeit
unserer Sichtweise nicht bewusst sind.

Ein Fallschirmspringer sprang in dreitausend Meter Höhe
ohne Schirm aus dem Flugzeug. Nach etwa tausend Metern
im freien Fall dachte er bei sich:

»Wie herrlich! Wie sanft ich nach unten gleite! Die
Bedeutung von Fallschirmen wird eindeutig übertrieben!
Ich fühle mich gut, und alles läuft bestens!«

Von der Bratpfanne und ihrem Kind

Einmal lieh Herr Jedermann seinem Nachbarn eine Brat-pfanne. Tags darauf brachte der Nachbar die Pfanne wieder zurück. In ihr lag eine zweite kleinere.

»Was ist denn das für ein Pfännchen?«, fragte Herr Jeder-mann neugierig.

»Das ist ihr Junges. Deine Pfanne hat es gestern zur Welt gebracht. Darum bekommst du jetzt zwei Pfannen zurück«, antwortete der Nachbar.

Nicht lange nach diesem Vorfall lieh Herr Jedermann seinem Nachbarn wieder selbige Bratpfanne. Doch diesmal brachte er sie nicht zurück. Also ging Herr Jedermann und verlangte die Pfanne von seinem Nachbarn.

»Ein Unglück ist geschehen«, sagte dieser, »die Ärmste ist tot!«

»Was zum Teufel redest du da? Seit wann können Brat-pfannen sterben?«, fragte Herr Jedermann.

»Und seit wann können Bratpfannen Junge kriegen?«, fragte der Nachbar zurück.

Irritationen

Wenn wir von unseren Vorstellungen verblendet sind,
sehen wir die Dinge nicht, wie sie sind.

Der Anatomieprofessor fragte die Studentin:

»Welcher Körperteil dehnt sich auf das Zehnfache seiner normalen Größe aus, sobald er einem starken emotionalen Reiz ausgesetzt wird?«

Die Studentin wurde knallrot und sagte, sie könne diese Frage nicht beantworten.

Also stellte der Professor dieselbe Frage einem anderen Studenten. Dieser antwortete wie aus der Pistole geschossen:

»Die Pupille!«

Daraufhin wandte sich der Professor mit folgenden Worten an die Studentin:

»Die Tatsache, dass Sie so verlegen geworden sind, sagt mir drei Dinge. Erstens: Sie haben sich nicht auf die Prüfung vorbereitet. Zweitens: Sie hegen Gedanken, für die Sie sich schämen. Drittens: Sie werden vermutlich eines Tages eine bittere Enttäuschung erleben, die Ihnen zweifelsohne einigen Kummer bereiten wird.«

Ein Mann, ein Wort

Nur ein Dummkopf ändert niemals seine Meinung.

Afghanisches Sprichwort

Unser in fixen Ideen erstarrter Geist wird stets ahnungsloses
Opfer seiner eigenen Denkmuster.

Ein etwas angejahrter Herr wurde gefragt, wie alt er sei.

»Fünfzig«, gab er zur Antwort.

Es gingen einige Jahre ins Land, da fragte man ihn wieder nach seinem Alter.

»Fünfzig«, lautete die Antwort.

»Was? Du bist immer noch fünfzig?«

»Wieso, was glaubst du denn! Ich bin schließlich ein Mann, der zu seinem Wort steht, und keiner von der Sorte, der heute so und morgen so sagt!«

Ein reines Herz

Der Sufismus geht davon aus, dass jede Moral auf der Wahrheit der Wirklichkeit beruhen muss. Andernfalls geht es nur um das reflexhafte Befolgen von Konventionen.

Ein Mann hatte seinen Hut verloren. Da kam er auf die Idee, in die Kirche zu gehen und dort einen zu stehlen.

Als er die Kirche betrat, hielt der Priester gerade eine Predigt über die zehn Gebote. Dies erregte die Aufmerksamkeit des Mannes.

Nach der Messe suchte der Mann den Priester auf und sagte zu ihm:

»Hochwürden, Ihr habt mich heute davor bewahrt, eine Sünde zu begehen, denn ich war in die Kirche gekommen, um einen Hut zu stehlen.«

»Gut, gut, mein Sohn! Und welche meiner Worte haben diesen Sinneswandel bewirkt?«, fragte der Priester.

»Ich war wie vom Donner gerührt, als Ihr das Gebot ›Du sollst nicht begehren deines Nächsten Weib‹ erklärt habt.«

»Wie das, mein Sohn?«

»Weil mir schlagartig wieder eingefallen ist, wo ich meinen Hut vergessen hatte!«

Meinungsverschiedenheiten

*Wir verfangen uns im Dickicht unserer Meinungen
wie die Fliege im Spinnennetz.*

Der Fluss teilte das Städtchen in zwei Hälften. Also fasste man eines schönen Tages den Beschluss, eine Brücke zu bauen.

Die Kaufleute sagten:

»Ein wunderbarer Plan! Wenn diese Brücke gebaut wird, werden unsere Geschäfte einen enormen Aufschwung nehmen!«

Andere meinten:

»Ja, das mit der Brücke ist wirklich eine ausgezeichnete Idee, man kann darauf so herrlich flanieren. Wir beteiligen wir uns gerne, aber wir wollen keine Brücke, die den Kaufleuten Geld bringt, sondern eine, auf der man schön spazieren gehen kann!«

Eine dritte Partei wiederum entgegnete:

»Die Idee einer Brücke finden wir an sich gut. Wir machen mit, aber nur unter der Bedingung, dass die Brücke auch ein wirklicher Gewinn für das Stadtbild wird, und nicht nur die Interessen von Kaufleuten oder Fußgängern befriedigt.«

Am Ende lagen sich alle in den Haaren und schimpften aufeinander ein.

Die Brücke wurde nie gebaut.

Taub

Unsere einseitige Wahrnehmung sorgt dafür,
dass wir die Welt aufgrund einer Abstraktion deuten,
die wir für das Ganze halten.

Auf einem kleinen Platz stand ein Mann und spielte Flöte. Sein Spiel war so wohlklingend, so anrührend, dass alle Umstehenden das Gefühl hatten, man hätte zum Tanz aufgefordert. Alsbald bildete sich um den Flötenspieler ein Reigen fröhlich tanzender Menschen.

Da kam ein tauber Alter des Weges, der in seinem ganzen Leben noch nie ein Lied gehört hatte, und meinte verächtlich:

»Da seh sich einer nur diese schamlosen Dummköpfe an – keinerlei Sinn und Verstand!«

Oberflächlich

*Wenn unser Leben in erster Linie aus der – bewussten
oder unbewussten – Jagd nach dem emotionalen »Kick« besteht,
begnügen wir uns mit der Oberfläche jeglicher Erfahrung.*

Ein Prahlhans kehrte von seinem Besuch in der Hauptstadt
zurück in das Dorf, in dem er lebte. Sogleich strömten alle
Leute herbei, um zu hören, welche Wunder er zu berichten habe.

»Der König höchstpersönlich hat zu mir gesprochen!«,
erzählte der Prahlhans und warf sich dabei in die Brust.

Bei diesen Worten ging ein ehrfürchtiges Raunen durch
seine einfältige Zuhörerschaft. »Potztausend!«, rief die Menge aus. »Vor uns steht ein Mann, zu dem der König höchstpersönlich gesprochen hat! Ist es denn die Möglichkeit!«

Und eh man sich's versah, zerstreute sich die Menge in
alle Richtungen, um zu erzählen, was sie eben gehört hatte.

Nur ein Mann war dageblieben und wollte wissen: »Was
hat der König eigentlich zu dir gesagt?«

»Nun, die Worte des Königs waren: ›Geh mir schleu-
nigst aus dem Weg!‹«

Als der Mann das hörte, begannen seine Augen zu leuch-
ten. Glücklich, die Worte seines Herrschers zu kennen,

eilte er zu seiner Frau nach Hause, um ihr von dem wunderbaren Vorfall zu berichten, dessen Zeuge er geworden war.

Ich bin nun mal so

Wenn wir wissen wollen, wer wir wirklich sind,
müssen wir die wahren Motive unserer Handlungen kennen.

Ein Skorpion wollte einen Fluss überqueren. Da sah er am Ufer einen Frosch sitzen und fragte ihn, ob er ihn nicht hinüberbringen könne. Hilfsbereit wie der Frosch war, willigte er ein, und so setzte sich der Skorpion auf dessen Rücken. Gemeinsam schwammen sie ans andere Ufer.

Kaum waren sie dort aber angelangt, stach der Skorpion ohne Erbarmen zu.

»Warum hast du mich gestochen?«, rief der Frosch aus. »Habe ich dir nicht soeben einen großen Gefallen erwiesen?«

Der Skorpion erwiderte:

»Gewiss, mein Freund, du warst sehr hilfsbereit, wie es deine Natur ist. Meine Natur hingegen ist es zu stechen. Ich habe nur getan, was in meiner Natur liegt. Warum soll dein Verhalten gut sein und meines schlecht?«

Wiederkehrende Träume

Es scheint oft bequemer, die Wirklichkeit zu leugnen und sie unseren Wünschen entsprechend hinzubiegen, als zu akzeptieren, was ist.

»Ich halte das nicht mehr aus!«, beklagte sich ein Mann bei seinem Analytiker. »Nacht für Nacht habe ich denselben Traum: Ich will eine Tür öffnen, auf der ein Schild angebracht ist. Ich werfe mich mit aller Kraft gegen die Tür, aber sie geht einfach nicht auf.«

Der Analytiker wollte wissen:

»Was steht denn auf dem Schild?«

»Zum Öffnen bitte ziehen«, antwortete der Mann.

Kein Platz mehr frei

*Gier und innere Erregungszustände blockieren
das Tor zu echter Spiritualität.*

Ein Meister stand vor der Tür des Tempels und rief: »Ich kann nicht hinein! Dort drin ist kein Platz! Dieser Ort ist zum Bersten voll von Vorschriften und Gebeten. Wie soll ich da noch in den Tempel kommen?«

Jeder, der ihn hörte, war verwirrt. Also sagte der Meister:

»Ob wir nun beten oder die Lehre auslegen, wenn unsere Worte nicht von Herzen kommen, sondern nur von den Lippen, füllen sie den Tempel bis in den letzten Winkel aus. Und so bleibt nicht das kleinste bisschen Platz übrig.«

Eile

Eile ist des Teufels Tochter.

Arabisches Sprichwort

Eine Frau hastete die Hauptstraße hinunter. Ihr Büstenhalter war verschoben, die linke Brust lugte aus der Bluse. Peinlich berührt wies ein Mann auf der Straße sie auf diesen Umstand hin.

»Um Gottes willen!«, rief die Frau alarmiert aus, »ich habe mein Baby in der Straßenbahn vergessen!«

Wer hat nun Recht?

*Gibt es nicht anstelle einer absoluten Wahrheit mehrere relative
Wahrheiten, die jeweils vom Standpunkt des Betrachters abhängen?*

Zwei Männer lagen sich wegen einer bestimmten Sache in
den Haaren. Also brachten sie ihren Fall vor den Richter,
damit er entscheide, wer von ihnen im Recht sei.

Der Erste trug seine Argumente mit so viel Überzeu-
gungskraft vor, dass er noch gar nicht geendigt hatte, als der
Richter schon beschied:

»Ich gebe dir Recht!«

Daraufhin gab der Gerichtsschreiber zu bedenken, dass
die gegnerische Partei noch nicht gehört worden sei. Und
so erhielt auch der andere Mann Gelegenheit, seinen
Standpunkt darzustellen. Mit großem Einsatz plädierte er
lang und breit in eigener Sache.

»Ich gebe auch dir Recht!«, verkündete daraufhin der
Richter.

Da rief das Söhnchen des Richters, das die ganze Zeit
unter dem Tisch des Vaters gespielt und die Verhandlung
mit angehört hatte:

»Aber Papa! Es können doch nicht beide Recht haben!«

»Da muss ich dir Recht geben!«, meinte der Vater.

Geistliches Streitgespräch

Ein Mensch, der sein inneres Potenzial erkannt hat,
wird nicht stur nach einmal gelernten Regeln
handeln, sondern in jeder Situation spontan
und angemessen reagieren.

Drei Geistliche hatten sich gemeinsam auf eine Reise begeben. Reichlich hungrig kamen sie in einem Gasthaus an, doch das Essen reichte nur noch für einen.

Was also tun?

Es entspann sich eine lange Diskussion, am Ende aber beschlossen die drei, dass derjenige von ihnen die Mahlzeit bekommen sollte, der in der Nacht den schönsten Traum haben würde.

Am nächsten Morgen erzählte der erste Geistliche: »Ich sah ein strahlendes Licht, das vom Paradies ausging. Noch nie in meinem Leben habe ich ein stärkeres Gefühl von Frieden empfunden. Es war ein unbeschreiblicher Glanz!«

Der zweite erzählte: »Ich habe geträumt, dass der Teufel mich in die Hölle führte. Da habe ich erkannt, welcher Schrecken alle Sünder erwartet!«

Der dritte erzählte: »Ich habe geträumt, dass Gott zu mir sagte: ›Da nun der eine in der Hölle ist und der andere im

Paradies, was willst du noch mit dem Essen warten? Steh auf und iss!‹ Und so habe ich gegessen, denn wie hätte ich mich göttlichem Befehl widersetzen sollen?«

Kindergebet

Mit unseren kindlichen Wünschen ist es wohl so,
dass sie bis ins Erwachsenenalter lebendig bleiben.

Mitten im Gottesdienst stieß ein Mann einen so lauten Pfiff aus, dass der Pfarrer in seiner Predigt einen Moment lang innehielt.

Seine Frau, die neben ihm saß, warf ihm einen strafenden Blick zu und wollte wissen, was ihn zu solcher Gedankenlosigkeit getrieben habe.

Darauf antwortete der Mann:

»Seit ich ein kleines Kind war, bitte ich Gott darum, dass ich endlich richtig pfeifen lerne. Und heute hat er mich endlich erhört!«

Das Lebenselixier

*Die folgende Geschichte handelt davon,
dass die Länge unseres Lebens im Dunkeln liegt.*

Von einem alten Magier ging das Gerücht, er habe das Elixier des Lebens entdeckt. Dieses Gerücht kam auch dem König zu Ohren. Berauscht von der Aussicht, ewig zu leben, schickte er einen Boten los, der sich den Wundertrank aushändigen lassen sollte.

Doch als der Bote beim Hause des Magiers eintraf, fand er ihn tot vor.

Leichte Übertreibungen

Es ist eine weit verbreitete Ansicht, dass man aus Diskussionen dann als Sieger hervorgeht, wenn man die größere Anzahl von Argumenten ins Feld führt.

Es trafen sich ein Fischer und ein Jäger.

»Na, hast du heute einen guten Fang gemacht?«, fragte der Jäger.

»Ja, einen ziemlich guten sogar. Ich hab einen Aal aus dem Wasser gezogen, der war über zwei Meter lang. Und du, hast du was geschossen?«

»Ehrlich gesagt, war das heute kein Glückstag für mich.«

»Wieso denn das? Was ist passiert?«, wollte der Fischer neugierig wissen.

»Ich war gerade draußen auf der Jagd, da sehe ich, wie sich etwas im Gebüsch bewegt. Ich lege an und schieße. Wie ich hingehe und nachschaue, sehe ich, dass ich den Bauern erwischt habe, dem der Hof dort gehört.«

»Um Gottes willen! Was hast du denn da gemacht?«, fragte der Fischer bestürzt.

»Ich bekam natürlich Angst, dass ich ins Gefängnis muss. Also habe ich eine Grube gegraben und die Leiche hineingelegt. Als ich mich zufällig umschaue, sehe ich die Frau des Bauern, die am Bach Wasser holt. Ich fürchtete, dass sie mich vielleicht beobachtet hatte, also hatte ich keine andere Wahl.«

»Bei allen Heiligen! Was hast du getan?«, fragte der Fischer, der vor Schreck immer bleicher wurde.

»Naja, ich habe sie auch erschossen. Dann habe ich eine zweite Grube gegraben und die Frau drin verscharrt. Doch als ich mich umdrehe, sehe ich, dass ganz in der Nähe eine Schulklasse vorbeigeht. Und weil ich Angst hatte, dass sie mich vielleicht gesehen hatten …«

»Um Gottes willen!«, fiel ihm da der Fischer ins Wort. »Hast du die etwa auch erschossen?«

»Also, jetzt kannst du es dir aussuchen: Entweder lässt du deinen Aal auf eine vernünftige Länge schrumpfen oder ich richte ein Blutbad unter diesen unschuldigen Kindern an!«

Total durcheinander

*Wenn wir verwirrt sind, sollten wir in erster Linie
uns selbst beobachten und nicht unsere wirren Gedanken.
Erst dann können wir entscheiden, ob wir tätig werden
und was wir tun.*

Ein Mann kommt nach Hause und überrascht seine Frau
mit seinem besten Freund im Bett. Ihm ist, als bräche die
ganze Welt zusammen. Ebenso verwirrt wie verzweifelt
tritt er an den Nachttisch, holt einen Revolver hervor und
hält ihn an seine Schläfe. Da ruft der Liebhaber der Frau
dem Verzweifelten zu:

»Halt! Hör auf damit! Was tust du da?«

Doch der schreit nur: »Sei still. Du kommst als Nächster
dran! Und dann meine Frau!«

Schöne Worte

Neugier ist nur dann von Nutzen, wenn wir verstehen,
aus der Antwort auf unsere Fragen geistigen Gewinn zu ziehen.

Ein neugieriger Mensch wandte sich einmal an einen Weisen:

»Ihr versteht es, Euch auszudrücken. Bitte, erteilt mir Belehrungen.«

Der Weise erwiderte:

»Eher will ich stumm sein, als mich in schönen Worten über die Lehre zu ergehen!«

Auch ein Grund

Manchmal nehmen wir zu einem falschen Selbstbild Zuflucht,
um uns nicht über unsere wahren Motive Rechenschaft
ablegen zu müssen.

»Ich verstehe wirklich nicht, wieso du von deiner Frau verlangst, dass sie einen Keuschheitsgürtel trägt, solange wir auf dieser Konferenz sind«, sagte ein Professor zu seinem Kollegen und fuhr fort: »Und da wir Freunde sind, will ich ganz offen zu dir sein. So, wie deine Frau aussieht, kann ich mir kaum vorstellen, dass jemand ihre Treue auf die Probe stellt.«

»Das stimmt schon. Aber wenn ich wieder zurück bin, kann ich behaupten, dass ich den Schlüssel nicht mehr finde«, meinte der andere.

Nur halb

*Es ist typisch für unser begrenztes Denken, dass es nicht sieht,
wie sehr es das Leben in seine Einzelteile zerlegt, sondern fest
davon überzeugt ist, das große Ganze im Blick zu haben.*

Mitten in der Nacht begann das Baby, aus Leibeskräften zu
schreien. Die Mutter stand auf und wiegte es in ihren
Armen. Doch das Kind schien sich nicht beruhigen zu
wollen. Also weckte die Frau ihren schlafenden Mann und
sagte zu ihm:

»Da das Kind zur Hälfte auch von dir ist, kannst du es
jetzt ein bisschen herumtragen!«

»Lass nur gut sein, meine Liebe«, gab der Mann zurück
ohne die Augen zu öffnen, »bring du deine Hälfte zum
Einschlafen. Wenn meine Hälfte schreit, stört mich das
nicht!«

Überraschung!

Hat man die Wirklichkeit in ihrer Ganzheit erkannt,
wird jeder Aspekt des Daseins zu einer freudigen Erfahrung.

Ein Meister des Weges lag im Sterben. Zeit seines Lebens hatte er unbeschwert wie ein Kind gelebt, ohne sich um Konventionen zu kümmern. Und so wussten seine Schüler nicht recht, ob sie nach seinem Tod den Leichnam verbrennen oder in der Erde beisetzen lassen sollten. Also gingen sie zu ihm und fragten:

»Meister, wir wissen nicht, was wir tun sollen! Was wünschst du?«

Kurz bevor er sein Leben aushauchte, lächelte der Meister und sagte:

»Wie wär's, wenn ihr mich einfach überrascht?«

Das Wesen der Zeit

Unsere gewöhnliche Auffassung der Zeit (wonach ein bestimmtes Ereignis vermeintlich immer auf ein anderes folgt) erlaubt uns nicht, die wechselseitige Abhängigkeit scheinbar nicht zusammengehöriger Ereignisse im Gesamtzusammenhang des Lebens zu erkennen.

Eines Tages ging ein ärmlich gekleideter Mann zum Friseur, der ihn recht von oben herab behandelte und schlecht bediente. Als der Mann den Friseur bezahlte, gab er ihm jedoch ein fürstliches Trinkgeld.

Ein paar Tage später erschien der Mann wieder beim Friseur, diesmal aber gekleidet wie ein reicher Mann. Der Friseur bediente ihn mit der größten Zuvorkommenheit, die man sich nur denken kann. Als er den Friseur bezahlte, gab er ihm jedoch nur ein mageres Trinkgeld. Als er den verwunderten Blick des Friseurs bemerkte, sagte er:

»Das ist für die Art, mit der Sie mich beim ersten Mal bedient haben. Das hohe Trinkgeld bei meinem ersten Besuch war dafür, wie Sie mich heute bedient haben.«

Himmel und Hölle

Unser Leben pendelt zwischen zwei psychischen Extremen hin und her: Himmel und Hölle. Wenn wir uns der wahren Essenz der Dinge nähern, kommt das Pendel zum Stillstand.

Ein General kam zu einem Meister des Weges und befahl ihm barsch:

»Sag mir: Gibt es Himmel und Hölle?«

Der Meister sah ihm einen Augenblick lang nachdenklich ins Gesicht, dann sagte er:

»Bildest du dir wirklich ein, du könntest mit deinem Spatzenhirn solch schwierige Dinge verstehen?«

Diese Antwort brachte das Blut des Generals in Wallung. Fast hätte er sein Schwert aus der Scheide gerissen, um damit zuzustechen, doch der Meister sagte nur gelassen:

»Siehst du, das war die Hölle!«

Der General verstand und besänftigte seinen Zorn.

»Und das ist das Paradies«, schloss der Meister seine Demonstration ab.

Das Wunder

Erfüllt ein Wunder nicht seinen eigentlichen Zweck,
dem Geist neue Nahrung zu geben, dann ist es nichts weiter als
ein eitles Spektakel für die sensationslüsterne Masse.

Ein Mann verbrachte viele Jahre damit zu lernen, wie man auf dem Wasser geht. Nach zahllosen Rückschlägen endlich gelang es ihm.

Sogleich rief er das ganze Dorf zusammen, um seine neu erworbene Fähigkeit vorzuführen.

Und so überquerte er gemessenen Schrittes den See. Alle, die dieses Schauspiel beobachtet hatten, waren zutiefst beeindruckt.

»Ein Wunder! Ein Wunder! Lasst uns niederknien vor diesem Heiligen!«, schrie die Menge.

Nach den Huldigungen wandte sich der frisch ernannte Heilige an den Dorfältesten:

»Und dich hat das gar nicht beeindruckt?«

»Nun, da ist eine Sache, die ich nicht ganz verstehe«, erwiderte der Alte. »Warum hast du nicht einfach schwimmen gelernt wie jeder andere auch?«

Verständnisfragen

Wir sehen, was wir sehen wollen, wenn wir die Dinge durch
die Brille unserer vorgefassten Meinungen betrachten.

Ein Pilger traf auf seiner Pilgerfahrt einen Meister und sagte zu ihm:

»Ich bin auf dem Weg nach Mekka. Ich kann es kaum erwarten, endlich dorthin zu kommen und vor der Kaaba, unserem heiligen Stein, zu beten.«

»Ich fürchte, auf diesem Weg wirst du kaum nach Mekka gelangen«, erwiderte der Angesprochene. »Die Straße, der du folgst, führt nämlich nach Turkestan!«

»Was für eine Art Meister bist du eigentlich!«, rief der Pilger da erbost aus. »Du willst mich nur auf falsche Gedanken bringen! Ich folge dieser Straße hier schon seit einiger Zeit, und sie ist bestimmt die richtige. Fort mit dir, Dämon!«

Doch nach vielen Tagesmärschen kam unser Pilger tatsächlich in ein Dorf in Turkestan.

Auf dem Dorfplatz angekommen, erblickte er eine kleine Schar von Menschen, die mit leiser Stimme vor einem schwarzen Mäuerchen etwas murmelten. Frohen Herzens dachte er bei sich:

»Gelobt sei Allah! Endlich bin ich in Mekka! Das muss die Kaaba sein und diese Menschen verrichten dort gläubig ihre Gebete.«

Und so warf er sich vor der kleinen Mauer nieder, glücklich, endlich in Mekka angelangt zu sein.

Vom Bauern und seinem Huhn

Wenn wir aus der festen Überzeugung heraus handeln,
dass alles, was gut für uns ist, auch gut für andere sein muss,
so schenkt unser Tun uns zweifelsohne ein gutes Gefühl, dem anderen
aber, dem wir so viel Wohlwollen zuteil werden lassen, schadet es
möglicherweise, wie das Ende dieser Geschichte zeigt.

Ein Bauer hatte eine Henne, die er liebte wie seine Tochter. So dachte er eines Tages, dass es nur gerecht sei, wenn er seine Mahlzeiten mit seiner Freundin teilte. Also kredenzte er ihr fortan feinen Braten und den besten Wein aus seinem Weinberg. Schließlich spielte er ihr zu den Mahlzeiten sogar klassische Musik vor.

Doch es vergingen nur wenige Tage und das Huhn wurde krank und starb.

Die Leiter

Unser kindisches Verlangen, für alles eine Erklärung haben zu wollen, hindert uns daran, die Wirklichkeit zu sehen, wie sie ist.

Im Garten von Herrn Jedermanns Nachbarn wuchs so schönes Obst, dass einem schon beim bloßen Anblick das Wasser im Munde zusammenlief. Also beschloss Herr Jedermann, etwas von diesen Köstlichkeiten für sich abzuzweigen, griff sich eine Leiter und stieg über die Gartenmauer. Sodann spazierte er mit der Leiter über der Schulter in den Garten.

In diesem Augenblick kam der Nachbar daher und wollte wissen:

»Was treibst du da in meinem Garten mit einer Leiter auf der Schulter?«

»Ich möchte die Leiter gerne verkaufen«, meinte Herr Jedermann schlagfertig. »Ich mache dir auch einen guten Preis. Willst du sie etwa haben?«

»So, so! Und du glaubst, mein Garten ist der richtige Platz, um Leitern feilzubieten?«

»Was für eine blöde Frage!«, entgegnete Herr Jedermann. »Leitern kann man überall verkaufen!«

Auf Reisen

*Viele bereisen jeden Winkel des Orients auf der Suche nach
sich selbst und vergessen dabei, dass das Objekt ihrer Suche sich
nicht einen Augenblick von dem Ort entfernt hat, an dem es schon
immer war: nämlich im eigenen Inneren.*

Eine Reisegruppe aus dem Westen besuchte Indonesien.
Auf dem Besichtigungsprogramm stand auch der Papanda-
yan, einer der vielen Vulkane des Landes. Vor Ort bot sich
den Besuchern ein beeindruckendes Schauspiel: Seen,
deren Wasser kochte, Schwefeldämpfe, die die Luft schwän-
gerten und einem fast den Atem raubten.

»Lieber Himmel!«, meinte einer der Touristen sichtlich
beeindruckt. »Hier hat man wirklich das Gefühl, in der
Hölle zu sein!«

»Donnerwetter«, meinte die indonesische Reiseleiterin
da verblüfft. »Sie sind ja wirklich schon überall gewesen!«

Ganz spontan

*Wenn wir Spontaneität durch rationale Kontrolle ersetzen,
legen wir uns damit selbst lahm.*

Es war einmal ein Tausendfüßler, der ging fröhlich seiner Wege. Da fragte ihn ein Frosch:

»Wie stellst du es nur an, dass du deine vielen Beine nicht durcheinanderbringst?«

Der Tausendfüßler kam ins Grübeln. Ja, wie stellte er das nur an? Von diesem Tag an konnte er keinen Fuß mehr vor den anderen setzen.

Klare Sache

Wenn wir eine wenig ausgeglichene Sicht der Dinge haben,
sind wir nicht in der Lage, unseren Mangel an
Objektivität zu erkennen.

Ein geldgieriger Mann wollte eine Wohnung mieten. Er fand auch etwas Passendes, doch lag die Wohnung an einer Bahnstrecke. Der Vermieter meinte:

»Wie Sie sehen, ist die Wohnung recht gemütlich. Sie hat sogar einen eigenen kleinen Garten dabei, und die Miete ist ausgesprochen günstig. Einen Nachteil will ich Ihnen jedoch nicht verschweigen: den starken Lärm von den vorbeifahrenden Zügen. Darum habe ich mir gedacht, dass ich dem neuen Mieter etwas entgegenkomme und nach den ersten zwei Monaten die Miete um die Hälfte kürze.«

»Perfekt«, meinte der Mann da, »dann sehen wir uns in zwei Monaten!«

Reden ist Silber ...

Unser gewöhnliches Bewusstsein kann nur schwer von seiner
tief verwurzelten Gewohnheit lassen, jedes Erlebnis, jede Erfahrung
(selbst solche, über die man eigentlich nicht zu reden braucht)
in Worte zu fassen.

Ein Mann ging einmal im Wald spazieren, da sah er plötzlich einen Totenschädel vor sich liegen. Um sich einen Jux
zu machen, grüßte er den Schädel.

»Sei auch du mir gegrüßt«, antwortete der Schädel.

Der Mann traute seinen Ohren nicht und meinte, seine
Fantasie habe ihm einen Streich gespielt. Darum setzte er
nach:

»Sag, warum hat es mit dir ein so schlimmes Ende genommen?«

»Ich habe zu viel geredet!«, erwiderte der Schädel.

Da schwanden dem Mann vor Angst fast die Sinne, und
er rannte so schnell, wie er nur konnte. Noch im Laufen
dachte er so bei sich:

»Potztausend! Also habe ich mich doch nicht getäuscht,
und der Schädel hat wirklich geredet. Das ist freilich unge-
wöhnlich. Ich will gleich dem König davon berichten.
Gewiss werde ich damit großen Eindruck machen!«

Der König freilich wollte den Worten des Mannes keinen Glauben schenken und drohte sogar, dass er ihn einen Kopf kürzer machen lassen werde, sollte er gelogen haben. Um die Sache zu überprüfen, begab man sich sogleich an Ort und Stelle, doch nichts geschah: Der Schädel dachte nicht daran, den Mund aufzumachen. Ohne viel Federlesens ließ der König dem Mann den Kopf abschlagen. Dieser rollte davon und kam neben dem Schädel zu liegen.

Kaum waren der König und sein Gefolge fort, da richtete der Schädel freundlich den Gruß an seinen neuen Nachbarn.

»Du Unglücksrabe!«, rief da der Kopf des Mannes aus. »Jetzt redest du! Hättest du deinen Mund nicht einen Augenblick früher aufmachen können?«

»Sag, warum hat es so ein schlimmes Ende genommen mit dir?«, fragte der Schädel.

»Ich habe zu viel geredet!«, erwiderte der Kopf des Mannes.

»Diesen Fehler habe auch ich einmal gemacht«, beschloss der Schädel die Unterhaltung. »Doch ich werde ihn bestimmt nicht wiederholen!«

Wunder

*Äußerlichkeiten mögen uns zwar ein Gefühl der Befriedigung
schenken, doch können sie sich zum Hindernis für wahren
geistigen Fortschritt entwickeln.*

Ein großer Meister begegnete einem seiner Weggefährten,
der im Ruf stand, ein frommer und gläubiger Mann zu
sein. Dieser sprach den Meister mit den Worten an:

»Vor ein paar Tagen bin ich nach dem Gebet an den
Bach gegangen und habe mit der hohlen Hand einen
Schluck Wasser geschöpft. Doch das Wasser hat sich in Sil-
ber verwandelt.«

Der Meister antwortete ihm:

»Du verwendest viel Aufmerksamkeit auf das, was du
tust. Kindern gibt man gewöhnlich Spielzeug, wenn sie
sich amüsieren wollen!«

Wille und Weg

*Um uns selbst zu erkennen, sollten wir uns über die wahren
Beweggründe unseres Handelns im Klaren sein. Doch wenn unser
Tun Erfolg haben soll, müssen wir auch wissen, wie wir unsere
Ziele erreichen können.*

Ein junger Mann war bis über beide Ohren in ein Mädchen verliebt und wollte es gerne heiraten. Leider wusste er nicht so recht, wie er sich ihm offenbaren sollte. Da kam ihm die Idee, ihm Liebesbriefe zu schicken. Mehrere Jahre lang bekam es täglich einen, wenn nicht zwei Briefe von ihm.

Er legte so viel Gefühl in seine Zeilen, dass das Mädchen schließlich in Liebe entflammte ... zum Briefträger, der ihm die Post brachte.

Auswendig lernen

Ein Erziehungssystem, das sich auf reine Wissensvermittlung
beschränkt, drillt den kindlichen Geist auf ein stures Frage-Antwort-
Schema, das den Grundstock bildet für all die Vorurteile,
an denen wir blind haften und aus denen unsere selbstzufriedenen
Ansichten über das Leben entstehen.

Ein Mädchen kam aus der Schule nach Hause.

»Was habt ihr heute in der Schule gemacht?«, wollte der Vater wissen.

»Wir haben Religion gehabt«, erzählte das Kind.

»Aha. Und sag: Gibt es den lieben Gott?«

»Ja, Papa!«

»Und wo wohnt er?«

»Dort droben im Himmel.«

»Und die Seele, wo ist die?«

»Da drin«, sagte das Mädchen und deutete auf seine Brust.

»Und jetzt sag mir noch«, fragte der Vater weiter, »wo dein Herz ist?«

Das Mädchen sah ihn ein Weilchen gedankenverloren an, dann meinte es:

»Das haben wir noch nicht gelernt!«

Assoziatives Denken

Eines der Hindernisse auf dem Weg zur Erleuchtung
ist das assoziative Denken, das uns glauben macht,
Spiritualität sei das, was wir in ihr sehen.

Ein Wahrheitssuchender saß in Gedanken versunken auf einem Mäuerchen. Seine Suche war an einem toten Punkt angelangt, und er wusste nicht, was er tun sollte.

Da kam von fern ein Mann näher, der ihn mit geheimnisvoller Miene musterte. Dann setzte er sich in Lotushaltung neben unseren Suchenden auf die Mauer.

Gemeinsam rezitierten sie nun verschiedene Mantras und übten sich in mehreren Meditationstechniken.

Nachdem sie mehrere Tage auf diese Weise meditiert hatten, fragte der Wahrheitssucher:

»Meister, was soll ich jetzt machen?«

»Was?«, rief der andere da aus. »Ich dachte, du bist hier der Meister!«

Gleich und gleich gesellt sich gern

Ein Schüler fühlt sich von einem Lehrer angezogen, der ein ähnliches Maß an Lauterkeit besitzt wie er selbst (und umgekehrt).

Ein Guru von der Sorte, wie man sie schon zu allen Zeiten dutzendweise an jeder Straßenecke finden konnte, liebte es, sich mit vermögenden und einflussreichen Leuten zu umgeben.

Eines Tages nun stellte man ihm eine verwitwete alte Dame vor, über die man allenthalben munkelte, sie sei steinreich. Um sich Gewissheit über die Vermögensverhältnisse der Dame zu verschaffen, beauftragte der Guru ein Detektivbüro mit entsprechenden Nachforschungen.

Tags darauf erhielt er von der Detektei folgenden schriftlichen Bericht:

»Besagte Witwe verfügt über ein beträchtliches Vermögen, die Frage ist allerdings, wie lange noch. Es gibt Gerüchte, wonach diese Frau, die allgemein als überaus naive Person gilt, einem jener zweifelhaften Gurus aufgesessen sein soll, wie sie heute überall ihr Unwesen treiben.«

Die Falle der Worte

Es ist schwer, nicht in die Falle der Worte zu tappen.
Sie begrenzen das Schweigen auf eine bloße Pause zwischen
einem Wortschwall und dem nächsten.

Vier Mönche hatten sich zum Meditieren in eine Einsiedelei zurückgezogen. Sie hatten vereinbart, dass sie während dieser Zeit vollkommenes Schweigen wahren wollten.

»Keiner soll es wagen, den Mund aufzumachen!«, schärften sie sich gegenseitig ein.

Als sich die Nacht herabsenkte, blies ein kleiner Luftstoß die Kerze aus.

»Jetzt sitzen wir im Dunkeln«, murmelte der erste Mönch.

»Still! Wir haben gelobt, nicht zu reden!«, schimpfte der zweite.

»Nun habt ihr alle zwei geredet!«, ermahnte sie der dritte.

»Was seid ihr bloß für Dummköpfe!«, warf der vierte ein. »Alle drei habt ihr unser Gelübde verletzt. Ich habe als Einziger Stillschweigen bewahrt!«

Geschenkt

Wir verstehen nur, was unsere Fähigkeiten erlauben.

Ein Mann lernte eine sehr schöne junge Frau kennen. Um sie zu beeindrucken, schenkte er ihr einen Ring mit einem Edelstein so groß wie eine Nuss. Der Stein funkelte so sehr, dass er einen regelrecht blenden konnte.

»Und das ist wirklich ein echter Diamant?«, fragte die Frau.

»Also wenn der nicht echt ist«, erwiderte der Mann, »dann hätte man mich glatt um zwanzig Euro betrogen!«

Vertrauen ist gut …

*Manchmal ist das, was wir für Glauben halten,
in Wirklichkeit nur ein Mangel an Vertrauen und
somit eine Form der Angst.*

Ein Wanderer glitt aus und stürzte in eine Schlucht. Glücklicherweise bekam er eine der Wurzeln zu fassen, die am Rand der Schlucht wuchsen. Da hing er nun, unter sich den Abgrund.

»Hilfe!«, rief er verzweifelt. »Ist da droben jemand?«

»Was willst du?«, fragte eine Stimme von oben.

»Bitte hilf mir!«, wimmerte der Mann.

»Vertraust du mir?«, fragte die Stimme.

»Jaja! Ich glaube an dich! Aber hilf mir! Und mach schnell!«, stieß der Mann hervor.

»Wenn du mir wirklich vertraust«, ließ sich die Stimme vernehmen, »dann lass jetzt los und lass dich ins Leere fallen!«

Der Mann schwieg einen Augenblick. Er blickte in den Abgrund zu seinen Füßen, dann rief er voller Verzweiflung zum Rand der Schlucht hinauf:

»Hilfe! Hilfe! Ist denn niemand anderer da?«

Ganz eindeutig

Das Leben ist in ständiger Bewegung.
Jeder Augenblick ist neu und voll vielschichtiger Bedeutung.

Ein Polizist machte Urlaub in Amsterdam. Weil er sich in der Stadt nicht auskannte, fragte er einen Freund, ob er vielleicht wisse, wo er ein Bordell finden könne. Dieser empfahl ihm ein bestimmtes Haus, danach verabschiedete man sich.

Am nächsten Tag wollte der Freund wissen:

»Na, wie war's? Hast du dich gut amüsiert?«

»Und wie! Die Adresse habe ich ohne Schwierigkeiten gefunden, aber dann bin ich die ganze Nacht auf dem Gehsteig herumgestanden!«, erzählte der Polizist angesäuert.

»Wieso bist du denn nicht reingegangen?«, fragte sein Freund.

»Ja soll ich vielleicht bei Rot über die Straße gehen!«

Die Gralssucher

Unter den zahllosen Irrungen und Wirrungen auf spirituellem Gebiet,
die letztlich alle auf einen Mangel an Einsicht zurückzuführen sind,
lässt sich ein starker Zuwachs an Gruppierungen beobachten.
Deren Anhänger verwechseln auf reichlich materialistische
Weise die Befriedigung ihrer persönlichen Bedürfnisse
mit echter spiritueller Suche.

Ein Mann gab bei der örtlichen Tageszeitung ein Inserat folgenden Inhalts auf:

»Kleines weißes Kätzchen mit schwarzem Fleck auf der Nase entlaufen. Der Finder erhält fünfhunderttausend Euro Belohnung.«

An dem Tag, als das Inserat hätte gedruckt werden sollen, erschien die Zeitung aber nicht. Der Mann rief bei der Redaktion an, weil er wissen wollte, was los sei. Am Telefon meldete sich nur die Putzfrau:

»Tut mir leid, aber es ist keiner mehr da!«

»Wieso? Was ist denn passiert?«, fragte der Mann.

»Die sind alle unterwegs und suchen die Katze!«

Jeder Augenblick ist kostbar

Wenn der Verstand aufgehört hat, nutzlosen Gedanken hinterherzujagen, dann kann unser Geist sich öffnen und den gegenwärtigen Augenblick umarmen.

Der hochbetagte Meister lag auf dem Sterbebett. All seine Schüler umringten ihn, betrübt wie nie zuvor. Als letztes Lebewohl an ihren Lehrer wollten sie ihm noch einmal jene Süßspeise auftragen, die er immer so gerne gegessen hatte. Der Meister nahm ein Stückchen und verzehrte es bedächtig. Dann glitt ein seliges Lächeln über sein Gesicht.

Die Schüler begriffen, dass der Moment gekommen war, da ihr Meister sie für immer verlassen würde. Und so drängten sie sich um ihn und fragten:

»Meister, wollt Ihr uns noch eine letzte Belehrung geben?«

»Ja«, sagte der Meister.

Da spitzten alle Schüler aufmerksam die Ohren, um seine letzten Worte zu vernehmen.

Mit einem gelassenen Lächeln auf den Lippen sprach der Meister:

»Diese Süßspeise ist wirklich gut!« Und verschied.

Traum oder Wirklichkeit?

Was wir für real halten, ist vielleicht nur ein Traum,
und was wir für einen Traum halten, die Wirklichkeit.

Es war einmal ein Mann, der ging zum Holzsammeln in den Wald. Da lief ihm ein verängstigter Hirsch über den Weg, und der Mann tötete ihn. Aus Angst, dass jemand anderer den Kadaver finden könnte, verbarg er das tote Tier unter einem Haufen Blätter.

Alsdann machte er sich zufrieden auf den Heimweg. Doch bald konnte er sich nicht mehr erinnern, wo er den Hirsch versteckt hatte, und so drängte sich ihm allmählich der Verdacht auf, alles nur geträumt zu haben.

Während er da so laut vor sich hin grübelte, belauschte ihn ein Mann hinter einem Baum. Kaum hatte dieser gehört, worum es ging, marschierte er los, um den Hirsch zu suchen.

Als er ihn gefunden hatte, schaffte er ihn nach Hause und sagte zu seiner Frau:

»Ein Holzfäller hat geträumt, dass er einen Hirsch erlegt hat, und dann vergessen, wo er ihn versteckt hat. Darum habe ich ihn jetzt geholt. Was ist dieser Mann doch für ein Träumer!«

»Und was ist, wenn du die Sache mit dem Mann und dem Hirsch nur geträumt hast?«, fragte ihn seine Frau. »Auch wenn der Hirsch da ist, bist wohl du der Träumer!«

»Wen kümmert, wer von uns beiden der Träumer ist? Hauptsache, wir haben den Hirsch!«, beendete der Mann die Unterhaltung.

Der Holzfäller kehrte indessen nach Hause zurück, in Gedanken immer noch mit dem Hirsch beschäftigt. In der Nacht sah er im Traum den Ort, wo er den Hirsch verborgen hatte, und den Mann, der ihn gefunden hatte. Am Morgen begab er sich zu dem Haus jenes Mannes und fand dort tatsächlich den Hirsch.

Es entspann sich eine lebhafte Auseinandersetzung und schließlich zerrte der Holzfäller den Mann vor den Richter.

»Zunächst einmal«, meinte der Richter zum Holzfäller, »wenn du den Hirsch erlegt hast, so war das Ganze kein Traum. Wenn du allerdings nur geträumt hast, den Hirsch erlegt zu haben, so war es nicht die Wirklichkeit. Da der andere den Hirsch aber gefunden hat, spreche ich dir das Tier zu. Da dessen Frau nun glaubt, ihr Mann habe nur geträumt, einen Hirsch gefunden zu haben, den ein anderer erlegt hat, hat keiner den Hirsch getötet. Aber da der tote Hirsch nun mal da ist, ist die einzige Lösung, dass ihr euch das Tier teilt.«

Als die ganze Geschichte dem Weisen des Dorfes zu Ohren kam, musste er lachen und meinte:

»Und wenn nun der Richter nur geträumt hat, den Hirsch zu teilen?«

Stolz

Das Gefühl, frei von Stolz zu sein, ist eine schwierige Sache.
Man mag noch so ehrlich sich selbst und anderen gegenüber sein,
man läuft dennoch Gefahr, dieser Täuschung aufzusitzen und stolz
zu sein, weil man angeblich von Stolz frei ist.

»Ich habe allen Stolz aufgegeben«, berichtete der Schüler zufrieden seinem Meister.

»Gut, nun gib auch das letzte Stück noch auf!«, antwortete der Meister.

»Aber Meister, ich habe bereits jede Form von Stolz aufgegeben!«, erwiderte der Schüler irritiert.

»Ja, ich verstehe!«, gab der Meister zurück. »Aber du solltest dich damit nicht beschweren!«

»Meister, Ihr versteht mich nicht!«, rief der Schüler mit Tränen in den Augen. »Ich habe wirklich alle Formen von Stolz aufgegeben!«

»Dann gib auch das noch auf. Lastet es nicht auf deinem Rücken?«

Der Schüler war nun der Verzweiflung nahe. »Ich habe mir keinerlei Stolz auf den Rücken geladen!«

»Nun«, meinte der Meister, »dann gibt es auch keinerlei Grund, darauf stolz zu sein!«

Die Kunst,
in der Gegenwart zu leben

Wie oft schweifen wir mit unseren Gedanken in die
Vergangenheit oder in die Zukunft ab, statt in der Gegenwart
zu leben. Wir verzehren uns vor Kummer über das, was war,
und leben in Angst vor dem, was die Zukunft vielleicht bringen mag.
Dabei übersehen wir den Reichtum, der sich uns im Augenblick
darbietet. Wenn wir nicht lernen, ganz in der Gegenwart
zu leben, werden wir weder Glück noch Erfolg haben.

Ein Mann, dem vor einigen Monaten der Vater gestorben
war, ging los, um seine Tochter von der Schule abzuholen.

Da er auch an diesem Tag in Gedanken die vergangenen
Ereignisse durchging, war er düsterster Stimmung, als er
bei der Schule ankam. Er war verzweifelt und vollkommen
am Boden zerstört.

Als seine Tochter ihn so sah, fragte sie ihn mit vor
Erstaunen weit geöffneten Augen:

»Was hast du denn, Papa? Ist denn heute schon wieder
jemand gestorben?«

Bin ich es?

Einer der Punkte, auf den uns diese Geschichte aufmerksam machen will, ist die Relativität aller Dinge.

Ein Mann ging auf die Bank, um einen Scheck einzulösen. Der Kassierer bat ihn:

»Können Sie sich identifizieren?«

Daraufhin zog der Mann einen Spiegel aus der Tasche und blickte hinein. Nachdem er sich gründlich gemustert hatte, meinte er:

»Ja, das bin ich!«

Götzendienst verkehrt

*Je mehr wir an bestimmten Ritualen haften,
desto weniger gelingt es uns, die wahre Natur
der Dinge zu begreifen.*

Ein buddhistischer Meister machte auf einer Pilgerreise in einem Tempel Halt. Es herrschte klirrende Kälte. Um sich ein bisschen aufzuwärmen, machte der Mann ein Feuer, wobei er als Brennmaterial eine hölzerne Buddhastatue aus dem Tempel benutzte.

Als der Tempelaufseher den Rauch bemerkte, kam er eilig angelaufen, um nachzusehen, was da vor sich ging. Kaum sah er, was der Meister da trieb, war er völlig außer sich.

»Barbar!«, schrie er. »Du hast den Leib des Buddha verbrannt!«

Auf diese Worte hin begann der Meister, mit seinem Stock in der Asche herumzustochern.

»Was tust du denn jetzt wieder?«, fragte der verwirrte Aufseher.

»Ich suche nach Buddhas Knochen!«

»Bist du denn völlig von Sinnen? Diese Statue ist aus Holz, wo willst du da Knochen finden?«

»Na, wenn das so ist«, meinte der Meister gelassen, »dann bring mir noch eine Statue, denn mir ist wirklich elend kalt!«

Ein spiritueller »Kracher«

*Ein emotionaler Schock kann unter bestimmten Umständen
äußerst heilsam sein. Er reißt uns heraus aus unseren geistigen
Gewohnheiten und hilft uns, uns so zu sehen,
wie wir wirklich sind.*

»Wenn du deinen Geist umwandeln willst«, sagte der Meister zum Schüler, »dann beantworte folgende Frage:

›Wieso halte ich einen Stock in der Hand, wenn ich doch gar keinen Stock in der Hand halte?‹«

»Nun, aus einem bestimmten Blickwinkel betrachtet könnte man sagen, dass du einen Stock in der Hand hältst, aus einem anderen jedoch könnte man sagen, dass du keinen Stock in der Hand hältst«, erwiderte der Schüler.

»Du verstehst gar nichts!«, rief der Lehrer aus. »Ich sage dir doch, dass ich einen Stock in der Hand halte und doch keinen Stock in der Hand halte, von einem einzigen Blickwinkel aus betrachtet. Was hast du dazu zu sagen?«

»Ich weiß es nicht! Ich gebe auf«, antwortete der Schüler.

»Wenn du wirklich Erleuchtung erlangen willst, dann musst du diese Frage beantworten«, mahnte ihn der Meister.

»Zum Teufel mit dir und deiner Erleuchtung!«, rief der Schüler unwirsch. »Wenn ich meine Zeit mit solchen Haarspaltereien vergeuden muss, um erleuchtet zu werden, dann kann ich drauf verzichten!« Und mit diesen Worten verließ er das Kloster.

Fünfzehn Jahre vergingen, während derer der Schüler sich das Gehirn mit der Frage zermarterte, ob er nicht etwas zu ungeduldig gewesen sei. Und so kehrte er zu seinem Meister zurück.

»Meister, ich habe eingesehen, dass ich einen Fehler gemacht habe«, gestand der Schüler reumütig. »Ich bin jetzt entschlossen, mir wirklich Mühe zu geben und Schwierigkeiten nicht länger aus dem Weg zu gehen. Und darum will ich jetzt unter allen Umständen die Antwort auf die Frage finden, die du mir damals gestellt hast.«

»Und was für eine Frage war das?«, wollte der Meister wissen.

»Du hast mich gefragt, wieso du einen Stock in der Hand hältst, wenn du doch gar keinen Stock in der Hand hältst«, antwortete der Schüler.

»So eine Frage soll ich gestellt haben?«, meinte der Meister. »Da muss mich ja wirklich der Schalk geritten haben!«

Bei diesen Worten trat der Schüler schlagartig in den Zustand der Erleuchtung ein.

Buddhistische Wege

Mingyur Rinpoche, 21779
Buddha und die Wissenschaft
vom Glück

Zen-Meisterin Daehaeng, 21819
Wie fließendes Wasser

Matthieu Ricard / 21820
Trinh Xuan Thuan,
Quantum und Lotus

Steve Hagen, 21695
Buddhismus im Alltag